U0519071

ZHONGGUO HUIZHAN JINGJI FAZHAN JI
ZHISHI CHANQUAN BAOHU

胡泓媛◎著

中国会展经济发展及知识产权保护

知识产权出版社
全国百佳图书出版单位

图书在版编目（CIP）数据

中国会展经济发展及知识产权保护/胡泓媛著 .—北京：知识产权出版社，2015.6
ISBN 978-7-5130-3583-5

Ⅰ.①中…　Ⅱ.①胡…　Ⅲ.①展览会—服务经济—知识产权—保护—研究—中国
Ⅳ.①D923. 404

中国版本图书馆 CIP 数据核字（2015）第 139226 号

内容提要

本书讨论了会展知识产权保护的基础理论，梳理了会展知识产权保护的现行政策法规、制度建设以及国际法制环境、相关立法经验，力求展现关于会展知识产权保护问题的系统性研究。

本书在对会展知识产权保护的立法和制度建设的策略探讨中，突破了传统的比较法学的主流研究方法，运用了交易费用的原理，对相关法律问题进行了法律经济学的分析。书中还收录了一些典型的会展知识产权维权案例，为相关主体的维权提供参考。

责任编辑：安耀东

中国会展经济发展及知识产权保护

胡泓媛　著

出版发行	知识产权出版社 有限责任公司	网　　址	http://www.ipph.cn
电　　话	010-82004826		http://www.laichushu.com
社　　址	北京市海淀区马甸南村 1 号	邮　　编	100088
责编电话	010-82000860 转 8534	责编邮箱	an569@qq.com
发行电话	010-82000860 转 8101/8029	发行传真	010-82000893/82003279
印　　刷	北京中献拓方科技发展有限公司	经　　销	各大网上书店、新华书店及相关专业书店
开　　本	720mm×1000mm　1/16	印　　张	9
版　　次	2015 年 6 月第 1 版	印　　次	2015 年 6 月第 1 次印刷
字　　数	131 千字	定　　价	45.00 元

ISBN 978-7-5130-3583-5

出版权专有　侵权必究

如有印装质量问题，本社负责调换。

目　录

第一章

绪　论

第一节　会展经济的发展前景与隐忧

会展业素有"城市经济的助推器""城市的面包""走向世界的窗口"等各种美誉。会展经济作为一种综合性、关联效应较高的经济形态，具有强大的产业联动、经济辐射、区域营销等功能，还具有现代社会发展所追求的绿色、无烟等环保特质，成为世界各国和地区优先发展的重点之一，尤其是受到以现代服务业为发展重心的城市发展的青睐。

100 多年来，会展经济对世界经济做出了卓越的贡献。其核心的会展业一直是一个高收入、高盈利的行业，其利润率在 20%—25% 左右，会展业的产业平均带动效应约为 1∶9。按国际展览业权威人士估算，国际展览业的产值约占生产总值的 1%，如果加上相关行业从展览中活动的效益则约占 8%。根据世界权威国际会议组织 ICCA（国际大会和会议协会）提供的数据，在世界各地举办的参加国超过 4 个、参会外宾超过 50 人的各种国际会议平均每年有 40 多万个，会议总开销达到 2800 亿美元。

会展经济以其庞大的产业关联度和经济影响力，成为世界各大经济体推崇的经济发展模式。据统计，美国会展业一年的直接收入达 800 亿—1000 亿美元。法国博览会和专业展览会每年的营业额可达 85 亿法郎，展商的交易额高达 1500 亿法郎，展商和参观者的间接消费在 250 亿法郎左右。在意大利企业的各宗营销方式中，贸易展会的成交额仅次于直销，3/4 的买家在贸易展会上找到新的供应商，超过 1/4 的买家在展会上直接购买商品。

中国会展业虽然起步较晚，但发展速度惊人，被业界称为"正在崛起的亚洲展览强国"。"十一五"期间，我国会展业实现了年均增长率20％以上的快速发展，并催生出了一大批具有国际影响的大型展会在我国落户，例如上海《财富》全球论坛、达沃斯论坛、昆明园艺博览会、东盟-南宁博览会等。中国贸促会的研究认为，到2020年以前，中国会展业年均增长率将保持在15％—20％左右。到2020年，中国会展业总收入将超过1000亿元。

发展会展经济亦成为城市或地区提高知名度，扩大国际影响的重要手段。世界上很多著名的城市，如德国的法兰克福、汉诺威，法国的巴黎，瑞士的巴塞尔，等等，都是首先借由国际会展活动而成名。我国的博鳌、义乌、昆明、南宁等中小型城市和地区，也是通过承办国际会展活动而一举声名远扬。尤其是博鳌，由于得到博鳌亚洲论坛的选址而名扬四海，吸引了众多海内外会议组织者将会议安排在博鳌举行，使博鳌从一个名不见经传的小渔村，一跃成为举世瞩目的国际会展之都。仅2009年全年，就有400多个国内外会议选址博鳌，接待游客295万人次，旅游收入9.1亿元，会议旅游在其中占相当大的比重。

会展经济目前虽然在全球范围内呈现出一派欣欣向荣的景象，但是其可持续发展却取决于许多重要条件的支撑，与区域的实业基础、区域定位、制度设计等软硬环境都有较强的相关性。国际展览联盟（UFI）发表的一份报告曾提出，会展业在一个城市或地区得到强势发展，并发挥经济作用，需要具备几个基础条件，包括基础设施相对完备、人均收入处于世界中等水平以上，服务业在GDP中的比重超过制造业且过半，外贸份额占GDP的比重接近或超过10％，以及具有力量相对较强的行业协会，等等。一个地区会展经济要健康发展，必须及时审视自己的区域定位、产业基础和制度完善情况，以及服务业发展环境和水平，必须对城市的承载力进行客观的评估。而就中国当前会展经济的发展状况来看，全国各地都在蜂拥而上地建设会展场馆、积极举办或承接大型会展活动，制定会展业或城市作为国际会展中心的发展规划，力争以会展经济促进区域经济结构的转型和国际影响力的提升。但是，会展经济可持续发展所必须具备的健全的会展业管理体制、完善的法律制度和市场机制等要素，并未充分确立，导致中国会展业组织和管理水平都比较低下，在国际市场中品牌会展在数量和质量上都不占优势，会展场馆空置率较高等问题，市场配置资源的基础性作用没有得到充分发挥，中国从"会展大国"向"会展强国"的转型还有很长的路要走。

会展业作为一个产业关联度很高的产业，对经济形势的追踪把握尤为重要。尤其是中国处于上升期的会展业，应具有更强的市场环境和政策敏锐度，适时调整相关的产业政策。2014年5月，习近平总书记在河南考察时指出，我国发展仍处于重要战略机遇期，要增强信心，从当前我国经济发展的阶段性特征出发，适应新常态，保持战略上的平常心态。同年末结束的中央经济工作会议会议又提出了"主动适应经济发展新常态"的要求。在宏观经济形势的新常态下，经济增长的动力由要素和投资驱动转向创新驱动，更强调了知识产权法律制度对经济发展的作用。

与此同时，在信息技术革命的冲击下，全球会展产业的发展也面临了新的挑战。会展业的市场需求所赖以生存的信息不对称等市场特性，正在被互联网等现代通信技术的革命所逐渐淡化，会展活动的存在意义到了需要重新审视的时刻。

新制度经济学理论认为，信息的全面获取是经济主体进行正确经济决策的关键要素，即资源达到最佳配置的前提条件。而收集信息需要花费时间、交通等成本，从而加重了经济活动的负担。获取信息的成本越低，市场运行则越畅顺。举办会展的初衷就在于让参展商集中展示和与参观者相互交流产品信息，降低信息不对称性所造成的交易成本。因此，"信息传播价值"是会展业发展的基础价值。由于工业革命改变了人们的出行方式，大幅缩短了人们出行的时间，使得在特定的时间和集中的地点举办会议和展览活动，成为各种经济和社会交流活动的首选。

然而，在互联网浪潮的冲击下，市场信息不对称的问题正在获得新的解决方案。网络技术的发展使传统的时间和空间概念产生了革命性的突破，在互联网基础上诞生的虚拟社会，使人们的聚会突破了物理时空的限制，会议和展览的举办不再需要人们千里迢迢地聚集到特定的区域，网络会议已经得到了跨国公司的广泛应用，虚拟展会也成为会展企业探索的热点。在虚拟展会不断兴起的潮流下，以人的流动而产生的经济需求，如布展、交通、旅游、餐饮、零售、住宿等行业需求很可能会受到挤压；与互联网技术相对接的通信、传媒、广告、法律、金融、咨询等现代专业服务业则有可能获得新的发展机会。会展产业的结构需要重新定位，会展经济的格局面临着重构，这为以传统会展经济为发展重心的城市提出了新的课题。

值得注意的是，互联网信息技术的发展并不能完全弥补市场上信息不对称的问题，网络上流传甚广的一句话或可说明：在互联网的世界里，你并不知道与你相谈甚欢的网络另一端只是一条狗。一方面，面对面的交流仍然是人们全面深入地获取信息无可取代的手段；另一方面，更重要的是虚拟社会的立法和制度建设还处于探索阶段，留下大量可利用的侵权违法空间，而系统和程序等技术漏洞也使得商业秘密的窃取和虚假信息的传播更为便利，会展活动本身具有的知识产权泄露风险，在网络虚拟社会中将会被无限放大。盗版、仿冒、混淆等侵权行为都将使买卖双方大受损失。尤其是在跨国的信息传播交流情境下，核实信息和跨制度的维权将成为更为困难的事情。此时，在严格的会展知识产权保护制度下树立的会展产品和品牌价值则成为会展业的核心价值。会展企业通过会展产品打造出的网络系统不仅包括信息联系，还包括当地经济、社会、法律、技术等联系，增强了会展需求方对会展产品与品牌的认同度，从而打造出忠实的客户群。从这个意义上说，知识产权就是会展经济发展的"后花园"，没有知识产权制度的支撑，没有会展相关产权的明晰，没有产品和交易信息无风险的开放，会展经济无论在当前的实体社会主导还是在未来虚拟社会占主导的情境中，都是"无本之木"，不具有可持续的生命力。将会展知识产权保护问题与会展经济的发展问题共同展开研究，具有重要的研究意义。

第二节 中国会展经济面临的知识产权挑战

当前，中国已经成为世界新兴会展大国。根据国际展览联盟数据显示，2011 年中国展能仅次于美国，位居全球第二。但大国不等于强国，中国会展经济正在显现出众多不健康发展的症状，制约着会展经济进一步发展的活力。比较主要的有：在展馆建设方面，呈现出扎堆建设、重复建设的现象。很多地区只是为了短时期内的"政绩"，并没有考虑到长期发展会带来的负面影响，导致大量的展馆利用率不高、闲置浪费。在管理体制上，我国尚未设立会展业的专门统一管理部门，会展业管理体制正在从审批制向备案制的转型过程中，各级商务和工商行政主管部门、贸促会系统、相关业务主管单位都具有一定的会展审批或登记备案权，体制机制没有厘清，存在严重的监管资源浪费或监管真空的"两难"情况，重复办展现象得不到有效疏导。在会展企业发展方面，中小企业众多，企业的发展定位模糊，品牌意识薄弱，创新创造力不强，常常呈现经营业务"扎堆"的现象，什么类型的展会盈利水平高大家就蜂拥而上。这往往导致市场供给过剩，缺乏可持续性，引发后续一段时间的萧条和整理。

这些症状，导致国内市场品牌实力不强，不正当竞争形势较为严峻。尤其是重复办展现象较为突出。在利用广交会等大品牌展会期间的客流优势举办"搭车展"，同类主题在同一时间组织多个展会导致"撞车展"的案例比比皆是。更有甚者，为了保住参展商客源，行业协会无奈与会员企业签署"排他协议"❶，要求会员企业不参加协会认为不应参加的展会，存在垄断嫌疑，加剧行业乱象。行业的无序竞争，使参展商和参观者无所适从，客户分流、资源浪费，展会吸引力不强，最终会制约会展业的专业化和集约化进程。

知识产权保护不到位是制约中国会展经济发展首当其冲的症结。会展相关知识产权的产权界定不清晰，种类繁多的会展知识产权没有得到全面

---

❶ 耿旭静.广州会展业惊现"排他协议"[N].广州日报,2013-03-13(4).

的覆盖和相应的法律地位。会展知识产权信息的获取渠道过窄，使会展知识产权的合法流转受到限制。会展知识产权保护的程序滞后，保护力度不足，会展知识产权侵权行为违法成本低廉。这些问题，很大程度上引发了上述会展市场无序竞争的乱象。

随着会展市场的乱象与日俱增，政府和社会各界都逐步增加了对会展知识产权保护问题的重视。为了解决知识产权保护问题，为会展业整理好发展的"后花园"，国家和地方各种规章制度的修订举措频频出台。早在1995年，对外贸易经济合作部就曾下达《关于在各类对外经济贸易展览会期间加强商标管理工作的通知》。2006年，商务部、国家工商总局、国家版权局、国家知识产权局四部委联合发文颁布的《展会知识产权管理办法》是目前国内聚焦会展知识产权保护问题效力最高的法律文件。2009年，国家知识产权局、外交部、工业和信息化部等九个部门又联合印发了《关于加强企业境外参展知识产权工作的通知》，规范境外参展行为的知识产权行为。各个地方政府也纷纷发文规制会展知识产权行为，影响较大的有《北京市会展知识产权保护办法》《广州市会展知识产权保护办法》《义乌市会展知识产权保护办法》等。

尽管国家和地方层面都采取了一系列立法和加强监管等措施，但是从实际操作来看，成效远未到健全的程度。展会活动的综合性与国际性，决定了展会知识产权保护的严肃性。如果不能及时有效地完善保护机制，不仅会严重影响了品牌会展的发展，影响会展业规模和层次的进一步提升，影响整个产业发展的前景和活力；更会容易对展会所在地甚至国家的国际形象造成恶劣影响。例如，知识产权话题已经成为美国攻击中国的重要说辞之一，会展活动暴露出的知识产权问题将使中国在大国博弈中更处劣势。完善制度建设和采取切实措施妥善处理会展涉及的知识产权问题成为中国会展产业发展迫切需要解决的课题。

目前，中国展会知识产权保护机制建设有相当一部分是通过法律移植构成的。但是由于立法技术不足，立法保护的目的和策略不清晰，移植过程中对一些国际惯例和域外先进措施的简单杂糅造成兼容性等问题，使法律实践在解决问题中发挥的作用有限，维权成本高昂，保护效率低下。在理论研究方面，我国现有的展会知识产权研究文献大部分由硕士论文组成，相对零散、理论深度较浅，可操作性不强，较少触及研究对象的制度背景，对相关法律实践所起到的支持有限，亟待进一步补充和完善。

第三节　本书的相关研究内容

一、研究现状评述

近年来，随着会展经济在我国的蓬勃发展，越来越多的学者投入到会展相关的知识产权问题研究队伍中来，在相关权利性质、权利内容和制度设计等方面均有一定的研究进展。

（一）关于会展知识产权保护内容的研究

关于会展知识产权内容的研究主要分为三个部分：一是会展企业和会展产品本身所具有的会展标志相关知识产权的研究，二是会展活动中展品所涉知识产权的研究，三是会展活动的展台设计、布展搭建等设计方案所涉知识产权的研究。

1. 关于会展标志权的研究现状

会展标志权研究中使用的术语尚不统一，有见"会展标志""展会标志""会展标识"等，本书使用"会展标志"为研究术语。国外对会展标志权保护立法的研究不多，更注重法律原则的运用和司法的功能，尤其是法官在具体案件中的自由裁量作用，因此可参考的学术资源有限。

随着会展业在中国的蓬勃兴起以及会展知识产权侵权案件的激增，国内相关研究则更为丰富。众多学者在整体探讨会展知识产权的保护问题时均有提到会展标志的概念及其保护意义。刘凯（2010）具体讨论了展会名称和展会会徽两种会展标志，指出我国尚不支持对展会的名称申请知识产权予以保护是法律保护的缺失。王宗银（2011）认为，会展标志作为主办方的智力成果，是一种无形财产，应当受到会展知识产权的保护。毛海波（2012）对国际展会标志的法律属性进行探讨，认为应从将商业标识界定为一般性知识产权的角度出发，或设置展会标志保护的专门法，对展会标志给予统一完整的知识产权保护。郑志涛（2013）分析了我国展会标志立法保护的不足，主张修订《特殊标志管理条例》以确立展会标志权的方式给予保护。

国内针对会展标志权法律保护的专门研究尚属少数。孙罡（2009）认为我国应当制定《会展标志保护条例》对会展标志进行专门保护，其具体内容包括会展标志的行政管理制度和使用制度两个方面。董仲元（2012）提出了对展会标志权采取商标法和反不当竞争法相结合的立法保护模式。唐剑锋（2013）则认为应当将会展标识分类纳入商标权和外观设计专利权的范畴实施法律保护。

综上所述，以往学者大多主张将会展标志全面纳入知识产权法保护范畴。但是，会展标志范围广泛，各种会展标志的知识产权特征显著性有较大差别，立法保护成本较高。另外，一些会展标志的侵权行为出现亦是受到我国会展审批程序不统一、会展知识产权交易渠道过窄的影响，不能完全归咎于立法不完善，因此，会展标志的保护应从更为全面的角度进行思考。

2. 关于展品所涉知识产权的研究现状

展品所涉知识产权是指展会期间各参展项目所涉及的商标权、专利权、著作权等相关知识产权权利的保护。于向阳和王蕊（2014）认为，会展中知识产权侵权纠纷中专利权纠纷占据了绝大多数，专利侵权纠纷又有70%以上集中在外观设计专利上。这与我国企业发展层次不高、创新能力较低密切相关的。

3. 关于布展设计所涉知识产权的研究现状

布展设计的知识产权归属较为简单，在法律实践中通常主张著作权的保护。高雷（2008）对比分析了两个展台设计著作权纠纷的典型案例，对布展设计企业的经营业务开展和纠纷应对方法提出了实践指导。

（二）关于会展知识产权保护程序的研究

由于会展上的知识产权维权行为具有很强的综合性、复杂性和紧迫性，会展知识产权保护程序的问题一直为业界关注的焦点。

国外对展会知识产权保护程序的讨论几乎伴随着现代会展的诞生而出现，著名的《保护工业产权巴黎公约》的签订即是源于 1873 年维也纳国际发明展览会引发的各国对专利等工业产权给予国际性保护的关注。目前国际会展业的知识产权保护程序已经形成了较完善的法律体系：《国际展览会公约》阐述了知识产权保护的原则性规定，其执行机构国际展览局进一步编写的《注册类国际展览会一般规章范本》成为规范国际展览会知识产权规则的重要出发点。在国家层面上，各个会展大国展会知识产权保护机制趋于成熟，形成民事执法、行政执法、刑事执法三大板块，并在不同程度上开发了展会知识产权执法的替代措施。

国内现有专门针对会展业的规范是 2006 年商务部、国家工商总局、国家版权局、国家知识产权局联合颁布的《展会知识产权保护办法》。另外，北京、上海、广州、深圳、义乌、南宁等地也都相继出台了地方展会知识产权保护办法。

国内展会知识产权保护程序的研究以比较研究为主，可细分为两类。主流方法是制度经验介绍，研究者针对我国展会知识产权保护的弱势环节介绍了大量的域外制度经验，提出引进相关法律规则完善我国法制。例如，张燕云（2011）阐述了德国展会知识产权保护的一般程序；王树章（2012）概括了司法主导的"慕尼黑模式"；丘志乔（2009）介绍了香港贸发局及其《展览会保护知识产权措施——参展商须知》；高维、张茜（2009）比较介绍了港澳台地区的知识产权保护制度。还有极少数学者展开了新的比较方法探索。武卓敏（2010）采用实证方法，对 2009 年德国 CeBIT、IFA 和埃森展上中国企业知识产权纠纷调解服务站（汉诺威调解模式）处理的 80 个案件进行统计，提出"5+X"知识产权纠纷调解模式。

目前国内展会知识产权保护程序的研究仍有一定不足。首先，研究方法比较单一。绝大多数以介绍国外经验、措施为主。其次，经验介绍简单片面，大多为单纯的措施描述，极少关注措施、规则背后的制度背景、历史背景和研究措施、规则作用的机理。再次，研究者大多从展会组织者、参展商、地方执法层面对制度进行探讨，视角集中在问题个案的解决，带有实用主义色彩，比较局限。总体来看，我国展会知识产权保护制度比较研究的研究方法有待突破，理论纵深有待加强。

二、主要研究内容

目前，国内关于会展知识产权问题的研究文献多以论文形式出现，由于论文的篇幅限制，研究内容多以会展知识产权中的各种权利专题研究为主，集中讨论知识产权保护及其与会展经济发展关系的论著比较鲜见。本书首先进行的基础性工作就是讨论会展知识产权保护的基础理论，梳理会展知识产权保护的现行政策法规、制度建设以及国际法制环境、相关立法经验，力求展现关于会展知识产权保护问题的系统性研究。

更进一步地，本书在对会展知识产权保护的立法和制度建设的策略探讨中，突破了传统的比较法学的主流研究方法，运用了交易费用的原理，对相关法律问题进行了法律经济学的分析，加强了研究的理论纵深，能够较为有效地为我国会展知识产权的比较研究形成补充，形成较强的理论价值。一是从会展经济运行的角度切入，在会展经济发展的利益取向基础上讨论了知识产权保护与会展经济发展之间的利害关系，探索会展知识产权保护的保护动因；二是对会展所涉的知识产权权利特征进行了解构和重构，从而归纳和明确相关权利性质、法理归属和立法目的；三是在法经济学的视角上辨别不同法律保护途径的保护效率，从而得出最有利于当前中国会展经济发展的保护途径选择。兼顾实用性考量，本书还收录了一些典型的会展知识产权维权实践案例，为相关主体的具体维权行为如何开展提供一些经验教训和策略上的指引。

本书的内容由作者长期跟踪会展知识产权保护制度研究的成果综合整理形成，部分成果已公开发表。

第二章

会展经济理论概述

第一节　会展和会展业

一、会展的概念和功能

（一）会展的概念

会展是指人们围绕特定主题，在统一的时间聚集在固定的场所内进行展示、交换等信息交流的社会活动。会展起源于欧洲，英国伦敦1851年举办的"万国工业品博览会"是近现代最早具代表性的会展活动，标志着一种会展这一国际间大规模文明交流的新形式的出现。❶❷

狭义的会展内容包括会议和展览，简称 C&E（convention and exposition）或者 M&E（meeting and exposition）。在经济全球化和贸易自由化的影响下，会展的外延不断扩展，形成了广义的会展内容，指包括各种类型的专业会议、博览会、交易会、奖励旅游以及各种事件活动的统称，简称为 MICEE（M：Corporate Meeting，公司会议；I：Incentive Tour，奖励旅游；C：Conventions，协会或社团组织会议；E：Exposition，展览；E：Event，事件或节庆活动）。MICEE 的概念目前已得到国际公认，并成为国际统计标准口径和专业会展行业协会划分标准。

---

❶ 徐丹.城市会展业国际合作模式研究[D].北京：中国社会科学院研究生院,2012.
❷ 苏文才.会展概论[M].北京：高等教育出版社,2004.

（二）会展的功能

1. 信息集散功能

信息集散功能是会展的基本功能，会展诞生的初衷就是克服市场信息不对称所造成的交易成本增加。会展活动首先是一个信息市场，同行业或同领域的参展商和观众汇聚一堂，进行交流、贸易，使大量的行业信息和思想动态在一个特定的区域集中碰撞。在会展活动上集聚和扩散的信息包括宏观的行业信息、微观的市场需求和供给主体信息等。企业可以获取行业发展的前沿资讯，例如本行业最新产品动态和行业发展的趋势；可以收集竞争者的信息，获取同行发展的最新动向；可以获取产品和服务的用户体验的第一手反馈，以及更新新老顾客的需求信息，从而构成决策的依据。

2. 企业网络构造功能

在信息集散的基础上，会展进一步为参展商提供了"一对多"的交流合作平台，为企业间网络的搭建、企业战略联盟的结合，都起到了重要的作用。企业管理的学者认为，在企业网络系统内，信息等无形资源的交流随企业间非人际关系和信任程度的发展而得到增强，从而促进资源的有效配置和降低环境风险。❶ 在一般的商业活动中，企业只能通过"一对一"的谈判方式达成这种网络构建，而在会展活动中，具有同类需求的企业可以同时与多个商业伙伴达成类似协议，极大提高了企业网络的构造效率。

3. 多维组合营销功能

在全球范围内，商业会展已经成为了专业化、密集型的营销手段。❷"人的接触"这一经济交往中的关键因素是会展赖以生存的基础，也是其营销功能的核心。"作为广告工具，会展媒介将信息针对性地传送给特定用户观众；作为促销工具，会展刺激公众的消费和购买欲望；作为直销的

---

❶ GALASKIEWICZ J, WASSERMAN S. Mimetic process within an interorganizational field: an empirical test [J]. Administrative Science Quarterly, 1989(34): 454-479.

❷ 西斯坎德.会展营销全攻略:循序渐进揭开成功会展的秘诀[M].郑睿,译.上海:上海交通大学出版社,2005.

一种形式,可以直接将展品销售给观众;作为公共关系,会展具有提升形象的功能。"❶ 因此,会展能够整合利用多维度的营销手段,如会展的报刊、电视、广播、互联网、户外广告、实地展示、洽谈沟通等各种营销方式,集中地、密集地对参观者造成意识植入,增强参观者对参展产品、服务及品牌的认同度,进而促进企业的销售工作。

二、会展业的概念和分类

(一)会展业的界定

会展业是围绕会展活动所产生的服务业的统称。具体而言,会展业是指为参展商和观众提供包括运营会展场馆和相关设施、设备,策划、组织各种形式的会展活动,及活动配套的服务等,从而产生直接或间接经济效益和社会效益的产业。会展业属于第三产业范畴,是一种重要的现代服务业。按照一般国家标准(GNS)服务部门分类法,根据日内瓦 WTO 世界贸易组织统计和信息系统局(SISD)提供的数据,经 WTO 服务贸易理事会评审认可,会展业属于服务业的一种。❷

会展业具有极强的产业关联性和带动性。会展业涉及的行业广泛,包括展览营销、广告宣传、运输报关、商旅餐饮、交通通信、城市建设等行业,会展活动的举办能够带动周边地区交通、住宿、零售、餐饮、金融、通讯等城市相关产业的发展,国际上会展业的产业带动系数为 1 : 9。会展的产业关联性和带动性为优化地区经济结构、提高城市就业水平起到了较好的促进作用。

会展业具有前沿性,被誉为经济发展的"风向标"。会展内容紧扣经济发展前沿,展示行业的最新技术和最新资讯,尤其是大型和专业性会展往往是有关业界判断产品或技术市场占有率及盈利前景的晴雨表,甚至成为引领世界潮流的舞台。例如,美国国际消费类电子产品展览会(CES)就是世界最大、水平最高和影响最广的消费类电子产品和技术的年度会

---

❶ 杨勇.现代会展经济学[M].北京:清华大学出版社,北京交通大学出版社,2010.
❷ 李静.北京市会展业国际竞争力研究[D].北京:首都经济贸易大学,2004.

展，迄今已有42年历史，汇聚消费电子类最前沿、最先进的技术、产品和发展理念，成为全世界消费电子类企业争相参与的平台。会展利用的现代技术紧扣科技发展前沿，充分运用各种高科技手段加强展览的效果、便利会展的运作流程，也使各种前沿的现代技术在无形中得以推广。

会展业具有一定的风险性，包括投入风险和资源风险。投入风险是指，会展组织的前期投入巨大，包括场馆建设、设施及服务配套等都需要大量的人财物投入，尤其是场馆等固定资产投资回收慢，并存在空置风险。资源风险主要在于品牌树立。品牌是会展得以生存、会展业企业得以壮大的核心资源，没有品牌就没有足够数量和质量的参展商，也无法吸引到有效的购买者。树立品牌是一项难度较高的市场开拓工作，需要强有力的产业依托、行业代表性和权威协会及行业代表的大力支持。

（二）会展业的行业划分

目前我国会展业的行业划分，仍以狭义的会展概念为基础。根据《国民经济行业分类》国家标准 GB/T 4754—2002，"会议暨展览服务"被划归为"其他商业服务业"类，指"为商品流通、促销、展示、经贸洽谈、民间交流、企业沟通、国际往来等举办的展览和会议，包括展览馆和会议中心的管理服务"。具体的会展业主体包括：各类博览会及专业承办机构；各类交易会及专业承办机构；各类商业性、专业性、技术性展览及专业承办机构；各种商务会议中心及专业会议承办机构；其他以商业性展览为主的展览场馆的活动。但不包括以对外提供住宿服务（提供给散客、团组的旅游、出差、休闲等住宿）为主的会议中心，以及文化、艺术、科学展览和艺术博览会活动。❶

第二节　会展市场

一、会展市场的构成

会展市场是一个大系统，是会展交易关系的总和，会展市场的正常发

---

❶ 王华.会展概论［M］.广州：暨南大学出版社，2010：5.

展，都必须依托于会展相关活动的支持。作为一种产业关联度极高的综合性经济活动，会展活动内容十分庞杂，以致会展市场的范围非常广泛，不仅包括与会展活动直接相关的部门和行业，如会展活动的策划与组织部门、会展中心的经营管理部门等，也包括服务于会展的相关活动，如交通、旅游、广告、装饰、海关以及餐饮、通信和住宿等部门。

会展市场的系统，是由若干个相互联系的基本要素有机构成的。一般认为，会展市场存在着三种基本要素：一是会展交易主体，即从事会展活动的当事人，包括会展需求主体和会展供给主体；二是会展交易客体，即会展产品或服务以及会展周边服务；三是会展市场监管者。❶ 厘清会展市场的基本要素，对于分析知识产权保护对会展经济的利益关联和作用机制，以及衍生的有效保护策略，具有至关重要的作用。

（一）会展交易主体

会展交易主体，是指在会展市场上从事交易活动的个人或组织，这些个人和组织是会展市场关系中的能动因素，按照会展交易主体在会展市场中交易的目的，可分为会展需求主体和会展供给主体。

会展需求主体是指会展活动所要服务的对象，即对会展服务或会展产品有需要且具有购买能力的单位或个人，包括购买会展服务的参展商和参观者等。

会展供给主体是指有能力且有欲望提供会展服务、会展产品，及会展周边服务的单位或个人，包括会展经营和组织机构，提供参展展品和服务的参展商，会展场所的经营单位，以及交通、旅游、广告、装饰、海关、餐饮、通信和住宿等会展周边服务提供部门。

值得注意的是，参展商在会展活动中具有双重身份，它既是会展组织服务的需求主体，又是会展提供的主题展品或服务的供给主体，其利益构成具有一定的复杂性。

---

❶　孙明贵. 会展经济学［M］.北京：机械工业出版社,2006.

（二）会展交易客体

会展交易客体，也称会展交易对象，是指会展交易活动的标的物，即买卖的对象物——会展产品或会展服务。会展交易客体涵盖了两个方面：一方面，是会展组织策划等相关服务的供应商向参展商和参观者提供的会展活动相关服务；另一方面，是会展活动上可供展示和交易的参展商品或服务。本书讨论的会展知识产品一般附着在会展交易客体上。

（三）会展市场监管者

任何一个市场的规范发展，都必须存在相应的"游戏规则"和"裁判员"。会展市场的游戏规则，就是规范会展市场发展的法律法规和制度建设，旨在维持整个会展市场的公开、公平和公正的竞争环境，规范会展市场主体的行为。这是会展市场构成要素中不可或缺的组成部分。尤其是目前我国会展市场建设还处于初级阶段，法律法规等基础性制度建设不可或缺。另外，一个完善的会展市场要素构成中还必须具备分工明确、职责清晰的会展市场监管者和管理者，监督和管理交易法规的实施，维持市场的正常交易秩序。

二、会展市场需求

会展市场需求是整个会展市场发展活力的核心，丰富多样的会展需求驱动越来越多的市场主体加入会展市场的供给当中。

（一）参展商的需求

1. 销售产品或服务的需求

销售产品或服务是参展商的基础性需求。展会上，参展商在短时间内遭遇更多的顾客，批量接受订单，可以大大缩短销售周期。在德国80％的贸易量都是通过展览会达成的。会展在实现产品销售方面起到十分重要的作用。当然，在现代科技支持销售途径日渐创新的今天，销售需求已经不再是参展商最主要的需求，展示和推介需求逐渐成为主导。

2. 推介自身产品或服务，树立品牌，培养客户的需求

当产品生命周期处于最初的导入阶段时，产品市场销售增长缓慢，甚

至零增长。在这一阶段，产品导入市场费用极高。会展相对于一般的营销方式，有低投入、高产出的优势。面对面的交流是人与人之间最具信任度的交流方式。参展商在会展上能够为观众提供新产品样本或展示，与观众进行面对面交流，解答疑问，可以达到宣传产品或服务更好的效果。可以最为准确地了解目标客户群的消费偏好和价值取向等，根据客户的需求选择性地提供产品或服务，甚至启发客户新的消费理念和需求。

3. 进行市场调查，了解市场动态的需求

绝大部分会展活动都是同行业展示的集聚。在会展上，同行业的竞争者将有可能展示他们最新研究出的产品或服务，参展商通过参加展会可以了解产品的最新动态，挖掘市场，计划未来开发项目。

4. 发展企业网络的需求

会展，尤其是大型展会，将会有来自国内外的同行参加。会展活动为加深同行间的交流与合作提供了绝佳的契机，包括横向和纵向的合作，建立企业联盟，发展深度合作关系等。

（二）参观者的需求

1. 购买需求

参观者通过参加会展活动比较产品及服务的价格和性能，寻求特定的产品和发现新产品或者新用途，还可以针对性地、详细地了解自己所需产品的技术功能和参数。

2. 信息交流需求

对参观者来说，他们通过参加展会来全面了解市场及相关领域的信息和动态，评估行业及市场现状和发展趋势，进行思想或信息的交流。

3. 休闲娱乐需求

随着城市会展业的发展壮大，越来越多消费型的会展举办开来，成为人们休闲娱乐的一大选择。例如每年临近春节，国内绝大多数城市都会举办年货市场，广州等一些南方城市还会举办迎春花市，这些都是典型的消费型会展，为城市增添了更多的节日气氛。

三、会展市场供给

会展业广泛的产业关联性，也反映出会展供给主体的多样性和会展供给结构的复杂性。孙名贵教授将会展供给主体分为会展组织机构、会展服务提供商和参与者。❶ 会展组织机构是指一般意义上的主办、承办和协办机构等，如政府、协会组织和专业公司。会展服务提供商是指为会展举办提供各种商业服务的主体，服务种类较多，包括会展场馆、信息服务、媒体广告服务、物流服务、设计搭建安装服务、旅游娱乐服务、物业管理服务等。会展参与者是指参与会展主题信息和产品供应的机构或个人，其中以展会活动的参展商为代表。

参展商的供给是会展供给的核心资源。参展商的供给内容包括产品或服务、信息，供给对象包括会展活动的观众、会展活动的其他参展商或与会其他组织和个人等。参展商的供给质量，直接关系到会展活动内容的吸引力，因此参展商的质量和规模成为衡量和评价会展活动的重要指标。一方面，参展商的积极参展，能够拉动会展活动组织供给的积极性；另一方面，参展商数量越多、参展水平越成熟、专业性越强，就能更好地吸引参观者的兴趣和热情，全面提高会展活动的效益。

第三节　会展产业

一、国际会展业发展概述

(一) 世界会展业的发展概况

随着经济全球化程度的日益加深，会展业已经发展为力量强大的全球化产业。国际展览联盟基于 2010 年的数据估计，全球每年仅展览会即高达 30700 个。据国际会展业的权威人员估算，国际会展业的产值约占生产总值的 1％，如加上相关产业从会展中获得的效益，则约占8％。❷ 世界会展业基本形成了以欧洲和美国为主导，以亚太地区为强

---

❶ 孙明贵.会展经济学[M].北京:机械工业出版社,2006.
❷ 骆乐,陈凡华.上海会展业的国际竞争力研究[J].国际经济合作,2007(12):51-53.

大的新生力量，拉美及非洲市场迅猛发展的多元化发展格局。在经济、文化、现代技术等多方面因素的影响下，世界会展业的发展呈现出几大特点。

一是会展经营专门化。行业分工的细化、专门化专业化的经营服务能够提高生产效率，带来更为舒适的客户体验，会展企业不断分化，在会展的项目承接、会展设计、会展技术、会展场馆管理以及会展设备维护等方面衍生出各种会展服务企业，体现出很强的市场分工。

二是会展主题专业化。专业会展能集中体现和反映出某个行业或其相关行业的整体状况，从而有利于提高会展的针对性和操作性，进一步降低信息搜寻成本，对参展商和参观者有更强的吸引力，因此受到会展需求方的普遍欢迎，成为会展业发展的主流。例如汉诺威工业博览会和广交会都是由若干个专业展组成的综合展。

三是会展规模大型化。世界各地的会展都不约而同地向大型化的方向扩张，主要是基于三个因素的激励：参展产品和服务的多样化，要求更大更多的会展场地空间；会展企业的市场争夺激烈，以期吸引更多的参展商和观众；会展所在城市大力扶植，希望通过大型会展提升城市形象和促进地区经济的发展。

四是会展企业集团化、联盟化。在世界会展业激烈的竞争中，市场的优胜劣汰导致会展企业集团化、联盟化的特点显著。一方面，会展企业的扩张经过资金、人力资源、国际网络等要素的考验，通过兼并重组的方式实现资源的优化配置；另一方面，会展活动存在地域性的影响，不同地区企业并购和结盟能够更好地实现优势互补，提升实力。

五是会展设施现代化。现代信息技术的快速变革为世界会展业的发展注入了新的活力。通过大量信息技术的支持，会展形式更为多样，内容表现力更为强大，信息交换更为快捷，会展空间向虚拟世界延伸，能够为会展各方带来极大的方便和效益。世界各国都在加强对会展设施设备的更新和建设，以支持会展信息化的运作。2002 年至 2008 年间，德国相继投入了 9.5 亿欧元用于场馆的现代化和服务设施更新。日本的东京国际展览中

心则投资达 19 亿美元。❶

六是会展要素国际化。经济全球化决定了会展业的发展必然具有国际化的特点。会展业的资本运作、品牌推广、会展活动都要在国际市场的大范围内进行考量，参展商和参观者也需要国际化的会展来获取更多的信息，世界各地的会展活动都存在不同程度的国际化水平和国际化意向。根据 UFI 2009 年起在全球范围内开展的一项"全球展览业"系列调查显示，约有 50％的受访公司表示将国际化经营作为主要的发展战略。

(二) 国外会展业发展的成功经验

欧美会展强国和亚洲发达国家和地区政府结合自身的特色，积极发展本国的会展业，在世界会展业格局占有重要地位，积累了较多的发展经验。设立专门机构提供产业管理和服务，完善提高场馆设施和配套服务水平，积极开展对外推广，以及政府政策资金的大力投入，是支持会展业发展的重要经验。

1. 设立专门机构对行业实行有序管理和服务

设立统一、专门的行业管理机构，负责对地区会展事务进行专业化指导和管理。例如德国设立的"经济展览和博览委员会（AUMA）"，参与政府制定国内外展览政策和国家会展计划，并对展览市场进行协调、监督和管理。新加坡旅游发展局下设了新加坡会议局（SCB），协助、配合会展企业开展工作，并向国际社会介绍新加坡举办国际会展的优越条件，推广在新加坡举办的各类会展。日本观光公社亦下设了日本会议局（JCB）。

2. 加强基础设施和配套服务建设

会展业发展的前期投入巨大，并对城市基础设施建设具有较高的要求，需要大量高水平的城市基础建设投入和成熟的都市服务业作为支撑。能够以人为本，充分利用城市的市场、经济、文化、信息、旅游等功能，为参展商和观展人员提供全方位、高品质的服务，是会展热门举办地的共同特征。瑞士达沃斯小镇就是一个典型案例，其常住人口不足 1 万人，但

---

❶ 王华.会展概论[M].广州：暨南大学出版社，2010：17.

其会展业国际知名，达沃斯会议中心每年有 230 天以上要举办各种会议和活动。其吸引力的重要来源就是当地环境优美、设施完善、服务配套。达沃斯会议中心拥有全套最先进的专业会议设备，镇内的住宿、餐饮、娱乐、通讯等方面也能够全方位提高优质高效的服务。❶

3. 积极树立和对外推介会展品牌

会展品牌是会展业企业生存的核心价值之一，积极树立和对外推介会展品牌是国外贸易促进机构的重要职责。香港是国际知名的会展中心，香港贸易发展局作为推介香港对外贸易的法定机构，将会展推介作为重要工作。通过其渠道推介的国际贸易展览会已经有几十个达到世界级水平。新加坡会展业的兴起也很大程度上得益于新加坡会议局的推介工作。新加坡会议局每年都计划性地向世界各地展示新加坡旅游的会展优势，在世界范围内举办关于新加坡会展经济发展的研讨会，宣传在新加坡举办的各种会展。

4. 政府大力政策支持

除了筹措巨资兴建会展场馆设施、优化会展城市环境，积极开展会展相关的贸促活动之外，国外政府机构还通过各种形式的政策优惠，支持当地会展业的发展。法兰克福展览公司是德国最大的展览公司之一，市政府占其 60% 的股份，其盈利全部专款专用于公司再投资，政府只从不断增加的税收中得到回报，迅速帮助该公司完成了原始积累。❷ 新加坡会议局简化行政程序，不向会展企业收取分文费用，举办会展也不需要任何政府审批手续。❸ 德国政府还在 2003 至 2006 年间每年提供 3350 万欧元资助企业出国参展，协助、配合展览公司推介本地会展活动。❹

二、中国会展产业的发展状况

中国会展业处于快速上升的阶段。2013 年，会展经济直接产值达到

❶ 郑吉昌.会展基础理论[M].北京:中国商务出版社,2009.

❷ 潘文波.会展业国际合作的综合效应:关于外资进入中国会展业的综合研究[M].北京:中央编译出版社,2008.

❸ 李静.北京市会展业国际竞争力研究[D].北京:首都经济贸易大学,2004.

❹ 伍晶,张伟.借鉴国际经验加快发展广州会展业[J].珠江经济,2005(9).

3870 亿元，较 2012 年增长 10.6％。❶ 北京、上海、广州是中国会展业最为繁荣的三大城市，围绕三座城市已经形成了环渤海会展经济圈、长三角会展经济圈和珠三角会展经济圈，在会展场地建设、会展组织发展和会展活动的经营状况都较为成熟，是我国会展产业发展的主力军。2011 年上海市、南京市、杭州市、南昌市、宁波市、合肥市等"长三角"重点会展城市签订了战略合作框架协议；广州等"珠三角" 9 个城市与香港、澳门特别行政区成立了"珠三角会展城市联盟"，形成了区域性和行业性联盟同时发展的局面。

（一）会展场地的发展

1. 可供展览面积供应北京、广州较为充裕

根据中国会展网统计，截至 2012 年，北京、上海、广州专业展览场馆的数量共有 39 家。其中，北京 17 家，展览总面积达 101.9 万平方米，其室内展览面积 76.1 万平方米；广州 11 家，展览总面积达 83.4 万平方米，其室内展览面积 75.8 万平方米；上海 11 家，展览总面积达 55.2 万平方米，其室内展览面积 43.2 万平方米（见图 2.1）。广州展馆的展览总面积位居第二，其室内展览面积与北京基本持平。上海展馆的展览总面积较低，仅为北京的一半水平。

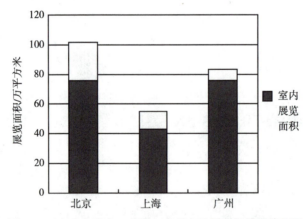

图 2.1　2012 年北京、上海、广州专业展览场馆展览面积

---

❶ 中国国务院商务部服务贸易司,中国会展经济研究会.中国会展行业发展报告 2014[EB/OL]. (2014-10-22)[2015-01-05].http://images.mofcom.gov.cn/fms/201410/20141022145558151.pdf.

2. 单一展馆规模广州较为突出

在展览场馆中，北京展览总面积在 5 万平方米以上的大型展馆 7 家，占全市总数的 41.2%；广州 5 家，占全市总数的 45.5%；上海仅有 2 家，占全市总数的 18.2%。❶ 广州虽然展馆总数较少，但是单一展馆建设规模较大，能够满足大型会展活动的办展需求。根据 UFI 2012 年的统计，世界室内展馆面积前 15 名的展馆中，广州的中国进出口商品交易局展馆（以下简称"广交会展馆"）以 33.8 万平方米位居世界第 4 位，上海新国际博览中心以 20 万平方米居第 15 位。上海也已经意识到其展馆规模与当地会展业水平不相适应，正在加紧筹建新的展馆。正在建设的上海中国博览会中心项目将一次建成 40 万平方米的大体量场馆❷，规模赶超目前的广交会展馆。

（二）会展组织的发展

在会展组织的国际活动方面，北京、上海的组织活跃程度较高。UFI 是国际展览业最权威的国际组织之一，吸纳全球组展组织（exhibition organizer only）、展馆拥有者/经营者（hall owner only）、组展业务和展馆经营业务兼有的组织（exhibition organizer & hall owner）、协会（association）等四类会展业组织作为会员单位。成为 UFI 会员单位需要符合严格的选拔条件，中国各地的会展业组织都以成为 UFI 为重要的发展目标。截至 2013 年，UFI 会员单位中，北京有 27 家，上海有 22 家，广州 9 家。细分来看，差距主要来自组展组织的表现。北京的 UFI 会员中，组展组织达 22 个，上海 16 个，广州仅为 7 个。另外，北京、上海的会展业相关协会也具有较好的国际地位。北京、上海均有会展业协会成为 UFI 会员，广州尚处空白（见表 2.1）。

---

❶ 刘大可,张丛. 2012 年京、沪、穗展览市场对比分析 [M] //过聚荣.中国会展经济发展报告（2013）.北京:社会科学文献出版社,2013:13.

❷ 陈泽炎.2012:中国会展业形势的六"大"看点 [M] //过聚荣.中国会展经济发展报告（2013）.北京:社会科学文献出版社,2013:14.

表 2.1 北京、上海、广州 UFI 会员数量统计

会员类别	北京	上海	广州
组展组织	22	16	7
展馆拥有/经营者	1	2	1
组展业务和展馆经营业务兼有的组织	2	3	1
协会	2	1	0
合计	27	22	9

数据来源：据 UFI 官方网站（http：//www.ufinet.org）数据整理。

(三) 展会经营状况

1. 上海展会的整体实力领跑三地，北京、广州不相上下

2014 年，北京、上海和广州三地共举办展览会 1696 场，其中上海 798 场，广州 480 场，北京 418 场。2014 年上海办展面积 1201 万平方米，广州 831 万平方米，北京 552 万平方米。❶ 上海无论是从展会数量还是办展面积的比较都明显优于北京和广州。北京、广州两地水平大体相当，广州的办展面积高于北京。

在国际会展市场中，上海的实力亦优势显著。国际展览方面，2011 年广州举办国际展会 70 个，不到上海的 1/3。❷ 2014 年公布的世界商展 100 大排行榜中，上海有 8 个展会入围。❸ 截至 2014 年 2 月 24 日，中国共有 88 个展会成为 UFI 认证展会❹，其中上海以 36 个位居内地首位。北京有 28 个入围。广州则为 13 个，数量仅约为上海的 1/3。

---

❶ 中国国务院商务部服务贸易司,中国会展经济研究会.中国会展行业发展报告 2014［EB/OL］.
    （2014-10-22）［2015-01-05］.http：//images.mofcom.gov.cn/fms/201410/20141022145558151.pdf.
❷ 2013 年广州会展业发展情况统计分析［EB/OL］.（2013-08-22）［2013-12-01］.http：//www.
    china-consulting.cn/news/20130822/s90648.html.
❸ 2014 年世界商展 100 大排行榜［J］.进口经理人,2014(7).
❹ UFI 有一套成熟的展览评估体系,即认证,对其成员组织的展览会和交易会的参展商、展业观众、
    规模、水平、成交等进行严格评估,用严格的标准挑选一定数量的展览会和交易会给予认证,具
    有很强的权威性。

2. 广州展会的上升潜力较大

按照展览面积大小，《2014 年中国会展行业发展报告》公布了中国 TOP100 展览榜单，上海、广州和北京毫无悬念地上榜展览所在城市展览业发展指数的前三名，上海 276.64 分，位居榜首；广州 184.38 分，位居第二；北京 156.15 分，位居第三。值得注意的是，广州的 TOP100 展览项目数甚至多于上海。在该榜单中排名前十位的展览，广州占据 6 席，东莞 2 席，其余佛山、上海各 1 席。若剔除位列一、二的两届广交会，排名前十位的展览，广州仍占据 5 席，东莞、上海各 2 席，佛山 1 席。可以看出，广州已经有较多展会规模达到世界水平，只要在品牌建设、服务配套等软件措施上加大力度，开拓国际市场，吸引更多的国际客源，其国际化水平上升的潜力将非常可观。

第四节　会展经济的效应

一、会展经济的社会效应

依托大型国际会议展览的影响力和三大会展经济圈的拉动，中国会展业蓬勃发展。目前，全国的会展业已经形成国家级的会展、国外的来华和民营展览机构的专业展、消费品展等多层级、多层次的市场规模，成为中国现代服务业的重要力量，日益发展成为中国经济发展的新亮点。

1. 会展经济会在全国各地催生了现代先进的城市基础设施

会展场地是会展活动开展的基础。2013 年，全国共举办各类展览 7319 场，展览面积 9391 万平方米。❶ 以广州为例，广州市展馆的硬件设施在国内处于领先地位，已经形成了琶洲国际商务会展核心功能区、流花会展区、白云新城会议功能区三大主要会展功能集聚区。其中，前两者都是在广交会展馆的基础上发展起来的。尤其是琶洲国际商务会展核心功能区的中心展馆——中国进出口商品交易会展馆，展馆总建筑面积 110 万平方米，

---

❶ 中国国务院商务部服务贸易司,中国会展经济研究会.中国会展行业发展报告 2014[EB/OL].
 (2014-10-22)[2015-01-05].http://images.mofcom.gov.cn/fms/201410/20141022145558151.pdf.

单一场馆面积居亚洲首位，是亚洲最大的现代化展览中心，为广州竞争"国际会展都市"提供了硬件保证，也更加确立了广州会展中心城市的地位。一年两届的广交会不断考验着广州会展相关的硬件设施配套，地铁8号线的开通有效地提升了办展期间的交通运力，珠江沿岸散步道的修整，使观展环境大幅改善。市场需求督促投资方不断加强场馆基础设施的相关配套，开发新的场馆资源，引入世界领先的布展科技，使广州的会展硬件设施发展走在全国前列。

2. 会展经济促进国家相关行业管理制度的发展完善

会展作为一种较为新兴的具有特殊性的经济形态，其发展壮大也对国家社会制度的发展完善起到了促进作用。中国会展经济的蓬勃发展，就为国家和地方相关制度的建设注入了一道强心剂，推动了会展业行政审批制度的改革，法律法规的修改和完善，以及政府工作环节的对接和效率的提高。会展经济较为成熟的地方，更是高度重视相关制度的建设，例如广州市会展行业的管理和服务的完善，就是在广交会的鞭策之下发展起来的。尤其是近十年来，广州市出台了《关于加强广州市会展业管理的意见》《广州市展会知识产权保护工作实施意见》《广州市展会知识产权保护办法》《广州市会展管理专业技术人员职业水平评价暂行办法》和《广州市会展管理专业技术人员职业水平考试实施办法》等一系列规章制度；成立了市会展业管理领导小组和市会展业行业协会；设立了"广州市会展一站式管理服务中心"集中办理企业申办展览的审批手续，建立健全会展行业管理服务体系，营造了供会展业健康发展的机制与环境。

近年来，会展业作为广州市重点发展的现代服务业之一，受到政府的高度重视。2010年《关于促进广州市会展业加快发展的若干意见》获得通过，2011年《广州市会展业发展专项资金管理试行办法》开始实施，更多的产业政策向会展业倾斜，目标就是整合全市会展资源，坚持展览与会议并重，加快培育品牌展会、壮大会展企业、延伸关联产业，把会展业培育成为广州市现代服务业的先导产业、支柱产业和新的经济增长点。

3. 会展有助于培育城市的人文氛围

会展活动是以人为本的活动，人的体验、人的参与、人的互动，把会展活动引向成功。在这个过程中，会展产业散发出的精神、理念和价值观等方面的文化内涵，使会展所在地的居民的人文素质得到了培育，使世界各地的参观者为之吸引而到来，使城市的人文氛围更为浓厚。一方面，会展本身就是一个开放、包容的活动，有利于举办地人们与外界不同文化、不同观念的人们进行交流，扩大人们的视野，成为人们感受文明、理解文化、陶冶性情的绝佳媒介。更进一步地，人们在于外来参观者的接触过程中，固有的思想观念被打破，新的知识和新的观念获得吸收，改变陈旧的行为模式，对于丰富文化生活、提高居民素质和修养具有重要的意义。

二、会展的经济效应——以广交会为例

会展活动的举办，其贡献首先在于本身创造的巨大的经济效益，对所在区域的发展产生强大的拉动效应，广交会就是一个典型的例证。截至第116届广交会，累计到会境外采购商约 709 万人，累计出口成交额约 9680.6亿美元。广交会开创了广州会展业，拉动广州消费和就业水平，对广州产业及外贸发展提供最有力的市场导向，对广州经济政策和制度建设推动巨大。有数据统计，广交会对广州经济的拉动效应达到 1∶13.6，大大领先于世界知名展会的水平。❶ 伴随着广交会的成长，广州也在全球化的浪潮中稳稳地占有了一席之地。

1. 广交会与广州会展品牌

广交会经过 50 多年的发展，展览总面积超过 100 万平方米，与德国汉诺威、法兰克福、意大利米兰等世界级展览中心齐名，规模居世界第一。它有 50 个展区，涵盖 15 大类商品，以独具一格的"中国特色"吸引着世界各地的采购商。99 万户采购商数据库，与 98 家海外工商团体的深入合

❶ 金星. 广交会：新世纪辉煌的十年［N/OL］.（2011-09-29）［2012-03-03］.http://finance.sina.com.cn/roll/20110929/073610561083.shtml.

作，打造出享誉世界的会展品牌，为广州会展品牌化发展作出了良好的示范。❶

在广交会的综合性基础上，广州本土专业性展会不断壮大，国际化程度不断提高。广州市大型品牌展会呈现出数量逐年增多，规模逐步扩大，影响不断提升的良好趋势。目前广州获国际展览联盟认证的展览达 11 个，占全国的 13.9％。中国留学人员广州科技交流会（简称留交会）已经成为全国规模最大、开放度最高、开办时间最长的科技人才交流会，被众多海外人士比作"智力广交会"。与国际展展览公司联合主办的展会影响力不断扩大，如"琳琅沛丽亚洲皮革展"是中国引进的第一个世界皮革著名会展品牌；由广东省美容美发协会发起主办的"广州国际美容美发化妆用品博览会"成为世界第二、亚洲第一的行业大展；由民营广州光亚展览公司主办的"广州国际照明展"成长为世界第二大照明展；"中国（广州）国际建筑装饰博览会"展览总面积 13.5 万平方米，居亚洲首位。此外，"广州博览会""中小企业博览会""广州国际汽车展""中国（广州）机械装备制造业博览会"等也发展成为国内名列前茅的展会。2010 年，广州举办国际展 69 个，展览面积达 465.5 万平方米，同比增长 6.2％和 5.9％，占全年举办展览面积的 73.9％。目前广州有 39 家涉及会展行业的外资企业落户，每年在广州举办近 30 场国际性展览。这些展会，都是在吸收汲取广交会的制度和运作经验中成长起来的，更有大部分展会选择与广交会同期或在广交会前后举办，充分分享广交会的国际客商资源。

2. 广交会与广州会展企业

作为中国主办的第一个国际性展会，广交会为广州会展企业开启了广阔的空间。2014 年秋交会，广交会的参展商达到 24751 家境内外企业，展台布展设计、装饰、推广等会展业蕴含着巨大的商机，也吸引着各种各样的经营主体投资到会展企业中来。目前，在广州举办展览的主体已经从政

---

❶ 金星. 广交会：新世纪辉煌的十年［N/OL］. (2011-09-29)［2012-03-03］. http://finance.sina.com.cn/roll/20110929/073610561083.shtml.

府一家独大发展成为政府、事业单位、国有企业、民营企业、外商投资企业等多元化经营主体，形成了中国对外贸易中心（集团）、广州光亚法兰克福展览有限公司、广州白云国际会议中心有限公司等一批具有国际影响力、办展办会经验丰富的会展企业。截至 2008 年底，全市会展活动经营收入 500 万元以上的会展企业达 40 家。❶

在广交会的国际化引领下，广州会展企业的国际化步伐也在不断加快。广州光亚展览贸易有限公司与法兰克福展览有限公司共同投资 1250 万美元，成立了会展第一家中外合资企业——"广州光亚法兰克福展览公司"；广州振威展览公司与德国美沙展览公司合作成立了广州美沙振威国际展览公司；广州美博会与意大利美容展、亚洲博闻展览公司三方合资成立了广州博环美国际展览公司。外资的进入，不仅提升了企业实力，扩大了广州会展业的规模，还带来了先进的经营理念，为广州会展企业注入新的活力。

3. 广交会与广州外贸出口结构

作为广交会举办的所在地，广州占尽"近水楼台"之利，更是从中获益良多。尤其是 21 世纪以来，广州市对外贸易进出口总值从 2001 年的 230.37 亿美元上升到 2013 年的 1188.88 亿元，翻了几番。作为广州市对外经济合作和交流的重要窗口，广交会无疑为广州外贸的发展起到了不可替代的促进作用。

国际市场的需求结构的变化从广交会的窗口深刻地反映出来，对广州产业结构和外贸出口结构的适时调整起到了重要的引导。20 世纪 50 年代广州的出口商品以农副土特产品为主，其次是传统的手工艺品和轻纺产品。萝岗和从化的柑橘、广州西关织造厂生产的纱绸、象牙厂生产的象牙雕刻品等都是当时广州著名的出口商品。20 世纪 60—70 年代，缝纫机、自行车、日用五金百货等取代传统的农副土特产品出现在广交会舞台上。到了 20 世纪 80—90 年代，服装、玩具、鞋类成为广交会上广州企业的主

---

❶ 李央.广州建设国际商贸中心的战略与路径研究［J/OL］.（2012-10-05）.http://www.360doc.com/content/14/0124/09/744205_347498574.shtml.

打产品。到现在，广州商品已经跟随广交会的步伐，已基本实现出口商品结构从主要出口初级产品向主要出口制成品的转变，特别是机电产品增幅巨大，已经成为广州最主要的外贸出口产品，广州制造业在广交会巨大的市场商机中迅猛发展。

广交会平台还推进了广州出口品牌建设，以 105 届和 106 届两届广交会为例，广州交易团品牌展位分别为 506 个和 518 个，品牌企业在品牌区成交分别为 2.5 亿和 3.2 亿美元，占全团总成交的 28% 和 30%。❶ 广交会有力地促进了"广州制造"向"广州创造"的转变。

4. 广交会与广州第三产业

广交会对广州经济的影响不仅体现在广州会展业的蓬勃发展和广州外贸的转型升级上，更对广州第三产业发展产生了深远的影响。作为一年两届举世瞩目的国际性盛会，每年大量来自世界各地的广交会客商和参展商，为广州带来了庞大的、周期性的服务消费需求，从税收的变化上有明显的反映。广交会举办期间的 4 月和 10 月，分别是广州综合税收收入的 4 个高峰点之一，2001 年至 2007 年，广州 4 月和 10 月的平均税收收入高出各月的总体均值的幅度分别为 23.42%、20.19％。具体来看，一届广交会给广州带来的各相关行业的营业税收入约为 2.14 亿元，一年两届合计约为 4.28 亿元。按单届计算，各行业因广交会举办上缴的营业税分别为：交通运输业 487.83 万元，文化体育业 526.27 万元，娱乐业 2592.38 万元，邮电通信业 227.89 万元，服务业 11357.31 万元，中国对外贸易中心（集团）上缴营业税额约为 6180.00 万元。特别是对广州餐饮业、交通业、零售业的影响显著，其税收亦在 4 月和 10 月形成峰值。❷ 广州批发零售业销售总额连续多年位居全国第三。2010 年，在会展业等带动下，全市批发零售业务实现销售总额超 2 万亿元，旅游业总收入超千亿元，餐饮零售额 590 亿元左右。会展作为广州第三产业的龙头，有力带动了商业的批发零售、旅

---

❶ 广州市对外贸易经济合作局.广州市外经贸白皮书 2010［M］.广州：广东人民出版社,2010.

❷ 中国对外贸易中心(集团),中山大学.广交会对广州经济的拉动作用点评［EB/OL］.(2009-10-16)［2012-10-05］.http://www.chinairn.com/doc/60250/479761.html.

游娱乐、住宿餐饮、交通物流等服务产业的发展。新兴服务业的软件、通信、文化艺术等也开始将会展业作为辐射平台。

5. 广交会与广州整体经济

广交会对广州经济的影响首先是通过带动广州的进出口从而提升广州对外开放水平来实现，其次是通过带动第二产业和第一产业的增长实现产业结构升级来实现，最后是通过带动住宿、餐饮、旅游等众多相关服务产业消费链提升广州消费水平来实现。一年两届广交会带给广州的直接经济效益，即国内外访客和相关机构的直接消费为 110.5 亿元，间接经济效益为 215.94 亿元。直接效应与间接效应合计为 326.44 亿元。广交会销售收入与经济效益总和之比约为 1∶13.6，即广交会对广州经济的拉动系数约为 1∶13.6，远高于世界平均水平。一年两届广交会带来的经济收益则占广州市全年 GDP 的 3.96%。❶研究表明，广交会全年成交额每变动一个百分点，广州地区生产总值就同向变动 0.11 个百分点，即广交会的发展对广州经济的增长也起到了较大的推动作用，广交会发展水平的高低也是影响广州经济发展的一个重要因素。❷以广交会为核心的会展业"1+N"产业带动效应下，广州的经济水平全面提升。

三、会展的城市发展综合效应

随着工业化进程的加速，科学技术的不断发展，社会产品极大丰富，交通运输逐渐繁荣，商品的跨区域贸易规模扩大，对信息交流、营销方式、交易内容和速度都提出了更高的要求。会展成为连接生产和消费的一种便捷的桥梁，通过会展的方式，大量的商品、信息得以在一定的时空媒介当中集聚、融合，短时间内创造巨大的商品价值和服务价值，也形成了一种新的行业——会展业。以会展业为中心的会展经济，在城市经济中发展壮大。

---

❶ 中国对外贸易中心(集团)，中山大学.广交会对广州经济的拉动作用点评[EB/OL].(2009-10-16)[2012-10-05].http://www.chinairn.com/doc/60250/479761.html.
❷ 高欣.会展活动对主办城市经济的影响研究:基于广交会的实证分析[J].石家庄经济学院学报，2011,34(4):91-96.

会展经济的发展离不开旅游业的成熟和社会基础设施的完善，因为会展活动与旅游活动一样均涉及衣、食、住、行、游、购、娱，而且会展活动需要有其专用的场馆条件和设施。城市以成熟的软硬件配套成为了会展活动的当仁不让的载体，而会展也越来越多地成为一种城市的功能，成为联系城市与世界的桥梁。会展经济是第三产业发展日益成熟后出现的一个综合性更强、关联性更大、收益率更高的经济形态，作为一种聚集效应和辐射效应都很强的综合经济，对交通、餐饮、住宿、旅游、商业等相关产业的能够产生巨大的拉动作用，可以作为举办地第三产业成熟化和完善化的标志。会展经济常被称为"城市面包"，因为它对举办地经济发展、城市建设，甚至主办城市形象的整体提升等具有全面的带动作用。

1. 会展经济为主办城市累积经济实力

会展经济在多层次上为城市经济发展注入活力。会展活动的举办本身就能带旺城市的消费需求。会展业则是高收入、高盈利的现代服务业，其利润率在20％—25％以上。根据世界权威国际会议组织 ICCA 的统计，每年在世界各地举办的参加国超过 4 个、参会外宾超过 50 人的各种国际会议有 40 万个以上，会议总开销 2800 亿美元，市场空间巨大。会展经济还可以培育新型产业群，可以直接或间接拉动城市基础设施和其他相关硬件设施的建设以及带动集服务、交通、旅游、广告、装饰、边检、海关、餐饮、通信和住宿为一体的"第三产业消费链"的发展。据专家测算，国际上展览业的产业带动系数大约为 1：9。高产业关联度使得会展经济成为带动城市和区域经济发展的新增长点。

2. 会展经济发展推动城市建设

会展经济是城市基础设施和其他相关硬件设施建设背后的重要推手。为了更好地为大型展会服务，适应会展经济的需求，与国际会展文化接轨，吸引更多的国际客商，城市管理者会持续不断地完善城市配套设施、规章制度和人文环境，从而推动了城市整体建设的发展；会展活动的举办同时也在为城市管理运行的方方面面积累经验、创新理念和资源，促进城市管理和建设的进一步创新。2010 年上海世博会是会展经济促进城市建设的重要例证。为了办好世博会，上海投入巨资完善交通网络，兴建了一系列市政工程，使城市基础设施规划提前5—10年实现；世博园的选址则促进了上海的旧城改造和产业布局调整，推动了区域功能转型和可持续发展；上海世博会中形成、凝练的管理创新，则成为上海城市建设和城市管理的新资源；世博会中所展现的崇尚科学、崇尚真知和志愿者精神等世博精神更是为城市的长远发展提供精神力量来源，成为提高人民精神文明素质的推动力。

3. 会展经济树立城市国际形象

会展经济与城市国际化最直接的关系体现在其对城市国际形象的树立有着巨大的作用。会展是城市"触摸世界的窗口"，是集中展示主办城市国际形象的绝佳舞台。

（1）会展活动有力地促进了城市国际知名度的提高。会展活动是城市向外推广自我形象的一个重要手段。国际性的展会是最大、最有特色、最有内涵的城市广告。成功的国际性展会能向世界各地的参展商、贸易商和观展人士宣传一个国家或地区的科技水平、经济发展实力，展示城市的风采和形象，扩大城市影响，提高城市在国际社会的知名度和美誉度，从而提升城市竞争力。因此，在国际上，衡量一个城市能不能跻身于国际知名城市行列，一个重要标志就是看这个城市召开国际会议和举办国际展览的数量和规模。❶ 德国汉诺威、慕尼黑，法国巴黎、戛纳，美国纽约、芝加哥，意大利米兰，英国伦敦，瑞士日内瓦，以及新加坡和我国香港，都是世界著名的展览城市。

（2）会展活动直观地展示了主办城市的投资环境和营商环境，推动城市制度环境与国际接轨。在会展活动举办、会展经济发展的过程中，大量具有创新思维和战略眼光的知名专家、学者、企业家集聚，更直接地了解城市各方面发展状况，有利于吸引投资，为主办城市创造更多投资机会，从而推动城市经济的发展与国际接轨。

---

❶ 刘松萍.会展、经济与城市发展:关于中国"广交会"的综合研究[M].北京:中央编译出版社,2008.

（3）会展活动集中传播了主办城市的文化。会展本身就是汇聚信息的巨大洼地、思想碰撞的熔炉和文化传播的舞台，它能够源源不断地给参与者带来文化的融合和创新启发。通过会展活动的桥梁作用，主办城市能够与外部世界在观念、文化、技术、理念上进行全方位的交流沟通，使参展人士更深刻地理解城市的理念和文化，形成城市独特的魅力和国际影响。

第三章

会展知识产权保护对会展经济的作用机理

第一节 会展知识产权保护的基本概念

知识产权（intellectual property）是人们对于自己的智力活动创造的成果和经营管理活动中的标记、信誉依法享有的权利。[1] 会展知识产权，则是人们对直接应用于会展活动的知识产品[2]所依法享有的权利。会展知识产品表现形式多样，权利主体众多，并对权利行使的环境和程序具有较为特殊的要求，因此，研究会展知识产权的保护问题，首先要厘清会展知识产权法律关系的基本概念。

一、会展知识产权的客体

会展知识产权法律关系的客体是会展知识产品，即为会展活动而创造的或直接在会展活动中应用、展示的承载会展知识产权权益的知识产品。具体来说，常见的会展知识产品可以概括为三类：一是以表现会展活动形象为目的的设计产品和创作作品，附着在各种会展名称、会徽、会旗、会歌、吉祥物等会展标志之上；二是以会展活动和参展商展示布景装潢为目的的布展设计产品和创作作品，附着在具有装饰、展示功能的展台、展架等会展活动空间和器材之上；三是以展示、交流和推广为目的的生产技术及其产品，附着在参展产品和服务之上。会展知识产品在创作和内容与一般知识产品并无本质区别，但是会展知识产品自身表现形式较为广泛，涉

---

[1] 吴汉东.知识产权法 [M].北京：中国政法大学出版社,1999.

[2] 本书将智力活动创造的成果和经营管理活动中的标记、信誉等统称为知识产品。

及的知识产权权利种类较多，以及会展活动这种特殊场合，都加大了对于其知识产权权利行使的难度，因此在法律应用的研究上需要给予特殊的关注。

二、会展知识产权的权利对象

知识产品具有无形性的特征，会展知识产品作为一种无形物，其权利往往无法独立行使，而需要依靠其附着的有形物来进行权利主张，这些会展知识产品所附着的有形物，即会展知识产权的权利对象。按照使用用途不同，会展知识产权的权利对象大致可分为会展标志、布展设计和器材、展品三大类。

（一）会展标志

会展标志，顾名思义，就是会展业组织或会展活动所设计的，用于识别本组织或活动的标志性符号。作为会展业组织和会展活动的品质、信誉、整体形象的象征，各种形式的会展标志应运而生。会展标志的种类较多，常见的标志有以下几种：

会徽，是集中反映会展理念的视觉符号（见图3.1）。会徽通过将个性的设计图案和文字与会展联系紧密的因素相结合，达到传达展会的主题精神的目的，具有很强的创造性和识别功能。

图3.1　一些会展活动的会徽

会展名称是目前需求方对不同会展进行识别的主要途径，主要包括展会的举办地、范围、性质等要素。目前我国大部分展会的名称都是采用"地区范围+展品范围"的模式，例如"2011第二届河北汽配汽保设备及用品博览会"这一展会名称表明了该展会的举办地为河北，展品范围为汽配汽保设备及用品。

　　吉祥物是依据所办会展的内容、目的、文化背景等内容，将这些内容与相应的动物或者几种动物的集合体或者某样东西相结合，就可以形成具有特色并包含一定寓意的造型。例如 2010 年上海世博会吉祥物"海宝"（见图 3.2）等。

图 3.2　2010 年上海世博会吉祥物"海宝"

　　口号是以短语或短句形式表现的，用于传达会展理念和追求的会展标志，一般表现出勇于达到的目标渴望，对会展形象的塑造有积极向上的意义。例如，2006 北京园林花卉展示交易会的口号为"用绿色点亮首都"。

　　主题词是指通过短句或短语表达会展的中心思想，体现会展内容的主体和核心的标志，能够表现出会展的特色，成为连接会展组织者、参展商和观众之间的认知桥梁。2010 年第二届深圳国际佛事用品展览会的主题词为"和谐慈善事业，创新产业发展"。

　　会歌是宣传会展、表达会展精神、理念的声音标志，是宣传会展活动形象的重要媒介。大多数展会都会根据自己的特色编写会歌。例如上海世博会的会歌《2010 等你来》，表达了热切欢迎世界各国前来参展观展的愿望。

　　会旗是指展会活动采用的旗帜，旗帜上的标志由文字、图案等因素组成，代表了展会的精神和文化（见图 3.3）。展会会旗会随着承办主体的改变而进行传递，这种传递象征着展会理念的传递，是展会精神一届一届传递下去的表现。

图3.3　2010年上海世博会会旗

(二) 布展设计和器材

　　布展设计和器材是指会展活动主办方或参展商为了突出会展主题或展品特色而对会展场地、展位进行布景装潢的整体设计效果及使用的器材等，展架、展板、宣传页、声光效果技术、展示软件等都是布展设计和器材的组成部分。一方面，会展活动的时间性特点，决定了主办方和参展商都要在短时间内尽可能透彻地展示表达关键信息和主旨；另一方面，会展场地局限性特点又限制了主办方和参展商无法全面地塑造形象，因此，设计新颖恰当的布展设计经常成为会展活动的亮点。设计者综合运用现代科技、艺术、广告等手段，对声、光、电以及各种特殊展饰材料进行组合利用，创造出具有强烈感官刺激的布展设计，达到突出企业形象和企业及产品文化、吸引参观者注意力的目的。随着布展设计的专业化水平越来越高，专门从事展览展示器材设计经营的企业不断涌现，成为会展业中的一支新兴力量。行业代表德国奥克坦姆展具公司（OCTANORM，1969 年创立于德国菲尔德施坦特），是世界展览展示系统行业领袖，业务遍及全球 55 个国家和地区。但是，布展设计的核心价值是创意理念，而技术含量往往不高，可复制性极强，往往极易成为抄袭侵权的对象。布展设计行业的乱象丛生，"模仿借鉴"成为行业的普遍做法，需要法律的进一步规制。厦门日报曾登载一个典型的布展设计侵权案例，在第六届中国（厦门）国际石材展期间，厦门契合展览服务有限公司对参展的土耳其某公司驻厦门办事处发去律师函，称其在该展会中的展位设计"抄袭"了权利人上一年度在另一展会上的展位设计成果。权利人认为，该展位设计除了颜色从蓝色换成黄色外，大小、条纹、灯的位置都与先前作品基本相同。但该展位的设计方厦门世合展览有限公司却否认了该展位设计是"抄袭"的说法，其认为"这只是一种很普通的特装，这种想法谁都可能想出来。况且模仿在设计行业相当普遍"。❶

（三）展品

展品，即参展商在会展活动期间展示的产品、技术和服务。参展商往往将其最先进、最好的产品在展会上，通过向与会者展示其主力推广的技术、项目、理念及其成品、服务等，以期吸引更多的市场关注度，发掘潜在客户，从而有力地开展销售或推广工作。这些产品或服务，也是知识产权的密集载体。例如一辆用于展示的汽车样品，可能包含了发明专利、实用新型专利、外观专利、软件著作权、商标权、集成电路布图设计权、商业秘密权等众多知识产权。由于展品的知识产权集中度较高，常常成为会展知识产权侵权的重灾区。展品的知识产权一旦泄露，将直接导致产品的价值降低，甚至无利可图，并在长远看将使企业的品牌形象受到打击，因此，参展商在展示产品的同时，也采取各种手段防止自身的知识产权遭受抄袭。会展主办方也不遗余力地保护参展商的知识产权。

三、会展知识产权的主体

知识产权是一项法定的专有性的民事权利，具有排他性和绝对性的特点，即所有人可以对该产权排他性地占有、实用和处置。知识产权的专有性对于权利人的意义在于，知识财产为权利人所独占，权利人垄断这种专有权利并受到严格保护，没有法律规定或未经权利人许可，任何人不得使用权利人的知识产品。❷ 会展知识产权的主体，最为常见的即会展知识产

---

❶ 洪钧."我们的展位设计被'抄袭'了"：我市两家展览公司发生展位设计著作权纠纷[N].厦门日报,2006-03-07(7).

❷ 吴汉东.知识产权法[M].3版.北京:法律出版社,2009:13.

权的所有权人，一般为知识产权开发的投资方，例如会展主办方、参展商、会展服务的供应商，等等。

会展主办方的知识产权主体地位表现在：一是对其主办的会展活动享有会展标志的知识产权权利，如商标权、著作权或外观设计专利权等；二是对会展场地的装潢设计享有外观设计专利权或著作权等知识产权权利；三是对组织会展的商业秘密享有商业秘密权等知识产权权利。

参展商的知识产权主体地位表现在：一是享有其展出的展品所包含的知识产权；二是对其展台的委托布展设计作品可以依约定享有相关的知识产权权利，如外观设计专利或著作权等。

会展服务的供应商的知识产权主体地位表现在对其提供的会展器材或服务创意所享有的相关知识产权权利，例如布展企业对其开发的特殊展架等展示器材可以依法取得专利权，会展活动中的音乐、影像供应商须享有相关的发行使用等著作权权利。

值得注意的是，知识产权是一种兼有财产权和人格权属性的权利。会展知识产权的创造者，如会展标志设计者、产品开发人，也享有部分的知识产权，如署名权等。

四、会展知识产权的利用

会展知识产品享有众多的知识产权，其知识产权的利用对于提升会展产品的价值、会展品牌的价值和展品的价值，发掘会展市场的发展权利，具有重要的作用。会展知识产权的利用方式包括专有使用、收益等。

专有使用权是会展知识产权权利的基本用途。知识产权具有专有性、排他性，即除非权利人许可或法律规定，任何其他人都无权享有。专有使用权是对知识创造活动的激励，通过利用法律排除负外部性，确保了权利人对其知识产品经济利益的首先享受。会展知识产权所有权人享有专有使用权，就能够将其全面地用于生产经营活动中，排除竞争，使其产品在市场上具有独特的价值，从而更受客户的青睐。

法律对知识产权专有使用权的设计，是为了保护知识创造活动的积极性，而对知识产权收益权的设计，则是为了鼓励知识产权在全社会的应用。并不是人人都有能力开展知识创造活动，但是人人都能合法享受知识创造的成果。知识产权的流转产生更大的社会价值。会展知识产权的流转也能够更大地激发会展市场的活力。会展知识产权不仅可以由权利人本人使用，亦可参与商业权益的流转，并从中获取正当的收益，包括许可使用、股权出资、交叉所有权、抵押、质押、出售等。会展标志的所有权人可以通过许可使用、股权出资、交叉所有权等方式，不须亲自发展业务，即可将会展品牌植入不同地区的会展市场中；展品知识产权的权利人也可以在展会中，通过协商直接授予其他参展的与会者部分知识产权使用权，将侵权行为转化为合法利用，等等。

第二节　会展的特点及其知识产权保护的要求

一、会展的特点

相较于一般的知识产权行使场合，会展活动具有一定的特殊性，这些特殊性直接导致了会展知识产权保护的难度加大。对于会展特点的分析把握，有利于明确会展知识产权保护的目标要求。

1. 时间短暂性

会展活动是一种临时性的活动，举办期限短暂。区别于常驻的卖场，绝大部分会展活动会期仅为三至五天，短则一至两天，即使是改革后的广交会将会期按专业不同分为三期，总天数也仅为三周左右，其中每期会期不超过五天。即便一些会展活动创出了品牌影响力，开始出现一定的周期性，如一年一度、一年两届，但是每届的主题、参展商、展品均不是一成不变的。

2. 空间集聚性

会展活动将与会者集中到一定的场所中，在空间上显示出很强的集聚性。大量的参展商、参观者、展品在特定的场合中高度集中，迸发出巨大的商业价值和市场机会，也摩擦出众多的矛盾和冲突，其中不乏知识产权纠纷问题。

3. 信息前沿性

会展活动对于产品的展示往往不限于常规产品的陈列、功能的叙述和外观的展示，而是进行适度的技术剖析、新品发布或概念革命，活动上发布的信息常常具有显著的前沿性和新颖性。历史上，会展活动就是各种引领世界潮流的新产品首选的发布舞台。无线电通讯工具、装配式建筑、可视电话、GPS 全球定位系统等许多改变人类生活的重要产品，都是从大型展会走向世界的。❶

4. 影响广泛性

会展不是封闭性的，会展活动的成功与否很大程度是由其产生的社会影响力决定的。为了加强其信息的传播能力，会展活动往往伴随着大量的广告投放和媒体报道。而会展信息本身的前沿性，也决定了会展活动容易受到更多的社会关注。随着会展的国际化趋势加强，登上国际性会展活动更是成为企业直接面对国际市场的舞台。因此，影响广泛性亦成为会展活动的一大特点。

二、会展知识产权保护的要求

会展的特殊性，对会展知识产权保护的实施提出了特殊的要求。

1. 时效性要求

会展期间的短暂性和一般的知识产权侵权处理程序存在冲突，使国家机关的普通程序执法行为受到限制，会展知识产权侵权行为经常无法获得有效的行政执法救济。时效性，即快速高效的侵权处理，是会展情景下知识产权保护的首要要求。

2. 专业资源可得性的要求

会展展出产品多赋有很强的前沿性、新颖性和科学性，对展会知识产权保护提出了技术上的更高要求。参展商从世界各地前来参加会展，不仅对知识产权侵权需要专门人才来鉴别，也不一定对当地的相关法律法规足够熟悉，需要知识产权制度的专门咨询。这些专业资源的获取必须在会展

---

❶ 刘凯.展会知识产权保护研究[D].广州；华南理工大学,2010.

上具有及时畅通的渠道，才能使相关知识产权获得恰当的保护。

3. 克服损害双向性的要求

会展的知识产权干预措施，具有潜在的双向损害的风险。执法机关的到场处理，对知识产权权利人来说，牵扯了参与市场竞争的精力；对涉嫌侵权者来说，可能在缺乏抗辩的情况下被干预。二者都将承受"失掉一次商业机会"的损害，而商业机会的价值在随之的诉讼过程中也是难以估量的。因此，对于展会上的知识产权干预措施，不仅应该是快速的，也应该是慎重的。

第三节　知识产权保护对会展经济影响的作用机理

一、产权的经济价值原理作用

（一）知识产权的经济价值及体现

一件物品的经济价值在于人们愿意为其而支付的价格。❶ 创新活动、品牌塑造作为一种生产活动，创造者拥有的技术或品牌只是一种自然占有或事实占有，其目的亦是为了市场交换，从而达到效用和利益的最大化。❷ 而创造活动及知识的产品化过程需要付出大量的成本，由于知识产品的无形性和可复制性，其通常能够为竞争对手零成本无限复制，导致在市场经济条件下创新者无法实现应有的盈利。具有利益趋向性的商人开发、生产知识产品的积极性受到影响，减少或停止创造活动，市场将陷入仿制、盗用的乱局中，从而导致整个"社会福利"水平的下降。

对于企业来说，知识产权的最基本的效益在于对盈利的强力贡献。知识产权提升了企业产品的附加值、技术含量、品牌形象，并且在不同的生产阶段有更多的价值延伸。按照企业的生产运行流程来划分，知识产权效益的产生和作用可以在三个阶段体现出来：研发阶段、生产阶段、流通阶段。

---

❶ 波斯纳.法律的经济分析[M].7 版.蒋兆康,译.北京:法律出版社,2007.
❷ 考特,尤伦.法和经济学[M].5 版.史晋川,董雪兵,等,译.上海:格致出版社,2010.

在研发阶段，创新者需要投入大量的科研成本，包括人力和财力。在这个新技术或新产品的诞生过程中，参与研发的人员可以获得大量的新鲜知识和思想，为今后的继续创新活动种下人才的资源。企业亦可向知识产权所有者购进知识产权，从而节约研发成本。

在生产阶段，知识产权创造生产效益，提升企业产品的附加值和技术含量，让企业的产品更具有市场竞争力，取得成本优势、技术优势和价格优势。同时，避免了技术购进的成本和风险。使用自有的技术，当然不用向别人支付使用费，并且避免了技术购买合同履行的不确定性。

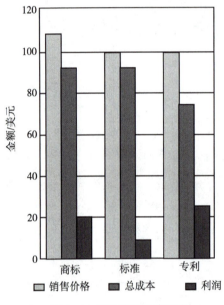

图 3.4　知识产权提高利润

史密斯和帕尔运用了一个图示更直观地说明了知识产权提高利润的两种基本方式（见图 3.4）。❶ 知识产权可以控制生产成本，也可以形成可以溢价出售的产品特性。假定图中中间的阴影柱表示成熟市场中产品的标准利润。右侧阴影柱表示在专利贡献下提高的利润，由于竞争者无法使用其专利工序，使得企业按照市场竞争制定的价格出售产品，可以享受到成本降低的更好的利润。左侧阴影柱表示在一个竞争性市场中某产品的持续溢价出售，适用于那些拥有较高知名度的产品，客户愿意为之支付溢价。当然，此时的溢价贡献只有当塑造商标形象所花费的广告费用低于溢价所得时才成立。专利和商标的结合也是可能的，两种知识产权同时提供溢价和降低成本，形成利润提高的组合。

在流通阶段，包括知识产权产品的流通和知识产权本身的流通。作为

---

❶ 史密斯,帕尔.知识产权价值评估、开发与侵权赔偿[M].北京:电子工业出版社,2012:364-365.

企业来说，自身开拓产品市场的能力有限，尤其是技术更新周期大大缩短的当下，如不能迅速占领市场，前期的开发成本都将失去意义。知识产权却是可以基本上零成本无限复制的。企业通过许可使用、知识产权转让、知识产权股权出资等方式，获得更大的经济效益。

因此，通过法律赋予知识产品的产权权利，并且允许此类产权的合理自由流通，一方面保护了人们参与创造活动的积极性，另一方面又能使整个社会的福利水平通过知识产品的应用而得到全面提升。目前，学界对知识产权的性质基本达成了一致的意见，那就是知识产权是一种特殊的物权，它具有私权和公共属性双重性质。有必要将知识产权作为私权保护，以保护个人正当的智力成果、智慧财产，使得在这种制度环境下他们的聪明才智得到回报，从而鼓励创新；也需要依据知识产权的公共属性对私权进行一定程度的限制，保证在保护私权的同时不会形成产业垄断，保持对科技进步和创新的传播及应用的畅通渠道，使之能提高企业的生产率，进而促进一个国家产品总量和人均值的增长。知识产权法律制度正是一种公共政策，"调节有关产权交易及保护的成本收益关系，促使理性的经济人放弃侵权以及其他违法行为"❶，以平衡知识产权行使过程中的私权保护和公共利益分享。因此，一国必须依据国家发展的状况在知识产权保护制度的利益平衡上作出选择。

（二）我国加强知识产权保护的时机选择

无疑地，较高的知识产权保护水平会使知识资源过分集中在少数人手中，也会不利于全社会的效益增加和社会发展，所以经济欠发达地区一般会放松知识产权的保护力度，中国前期发展中知识产权制度设计策略与此吻合。我国已经设计了较为完善在知识产权的法律制度方面，尽管与国际通行的高标准尚有一些差距，一套基本齐备的现行知识产权保护的法律制度体系已经基本建立。而执法力度不严，法律落实不到位则是现行制度相对薄弱的环节，或者可以解读为经济发展的策略需要。

---

❶ 吴汉东.利弊之间：知识产权制度的政策科学分析[J].法商研究,2006(5):7.

对于知识产权法律制度的落实与一国经济社会发展平衡的考量，吴汉东教授曾给予过精辟的论证。● 从成本收益方面分析，现阶段落实知识产权制度，加大知识产权的执法力度，对我国是有百利的。从参加经济全球化的收益应能支付或者高于进入知识产权一体化的成本考虑，在知识产权国际保护方面，发展中国家需要考虑高水平保护造成的沉重的财产和行政负担，以及无法逃避的新国际贸易体制带来的压力，难免接受包括知识产权保护在内的国际贸易新规则。加强知识产权保护是必须支付的成本，但发展中国家由此获得不可小觑的重大收益，包括无差别的最惠国待遇、发达国家在"乌拉圭回合谈判"中承诺的某些优惠政策（如关税减免的宽限期、知识产权的"强制许可"等），以及在未来国际贸易和知识产权国际保护的论坛上的话语权等。从国家内部经济社会发展的预见性方面考虑，加强知识产权保护，对于发展中国家特别是新兴的工业化国家来说，不仅是来自国际社会的压力，更是出于经济发展和科技进步的内在要求。有效实施知识产权政策，建立相关公共政策体系予以配合，提供实施知识产权创造、管理、保护、运用的物质条件和社会环境，将有助于实现知识财富增长和社会经济发展的最终"目标取向"。知识产权政策实施所带来的未来发展收益将高于现实所支付的必要成本。从长远的观点来看，在发展中国家，如果能使文化产业成果的其他条件得到满足，更强的私权保护将有助于激励当地的文化产业。

自从自主创新战略实施以来，我国大多数企业已经从观念上认识到知识产权对企业发展的重要战略意义，并获得了科技、经济等方面的大力支持，培育了大量的自主知识产权、自主品牌和人才储备；我国各相关行业也逐渐放开思路，包括知识产权质押、产权交易、研发基金等一系列新的支持手段逐步形成；我国政府更是在推进自主创新过程中在科技政策、产业政策、文化政策、教育政策、外贸政策等方面形成了基本协调的战略体系，为转变知识产权策略，为工业化进程提供有力的制度支撑做好了准

● 吴汉东.利弊之间：知识产权制度的政策科学分析[J].法商研究,2006(5):10.

备，强化知识产权保护制度的时机已经到来。

二、交易费用原理作用

科斯是交易成本理论的创始人，他在 1937 年的文章《企业的性质》中认为，使用价格机制是有成本的，即人们通过市场进行交易存在费用，这就是交易成本。❶ 他还认为交易费用包括寻找交易对象、告诉对方交易愿望和方式以及履约的成本。❷ 威廉姆森对交易费用进行了"集大成"的描述，他在 1996 年出版的《治理机制》❸ 中正式提出了交易成本（费用）经济学的概念，系统地论述了交易成本的有关理论及其发展，提出交易成本包括协议成本、突发事件成本、实施协议的成本、终止协议的成本、获取市场信息的费用和为避免冲突而进行的谈判并付诸法律而支付的费用，将交易费用外延的分化更进一步，使交易费用的可描述性增强。依照交易费用理论的主要观点，可以将交易费用定义为交易过程中的开销或费用，或者是交易额中除去交易对象市场价值的全部费用。法律通过增加交易成本的方式，从三个方面影响行为人的经济决策：它能够削弱行为人的违法行为能力；能够保持违法成本高于违法行为的预期利益；还能够加重特定类型行为的违法成本。

（一）交易费用的节约

假定市场上存在三个消费者、三个企业和三个同种类的产品，每一个消费者需要在市场上选择购买自己所需要的那个产品，产品的价格为 10 单位，消费者从产品上获得的效用为 20 单位。知识产权保护对于会展经济健康状况的作用可以用以下三种情况的对比来说明。

第一种情况：在不存在会展的情况下，消费者自行搜寻并与一个产品生产者进行交易，交易过程如图 3.5 所示。

---

❶　COASE R H. The nature of the firm[J]. Economica,1937(11)：390.

❷　科斯.社会成本问题:论生产的制度结构[M].上海：三联书店,1994：157.

❸　威廉姆森.治理机制[M].北京：中国社会科学出版社,2001.

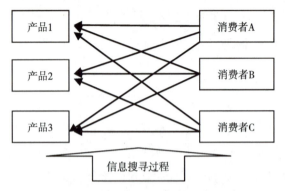

图 3.5　会展不存在情况下的市场交易

消费者方面，由于市场存在信息不对称，三个消费者需要逐一对市场上的三个产品进行信息搜寻，因此假定每一个消费者对每一个产品进行信息搜寻的成本为 1 单位，经过信息加工比较，消费者最终选定一个产品，并进行购买。购买过程中，消费者需要支付 1 个单位的签订合约成本和 1 个单位的监督合约执行成本。这样，每个消费者在产品搜寻、决策、执行过程中要支付 5 个单位的交易费用。

生产者方面，企业对产品的潜在客户群掌握不清晰，要在市场上进行产品的全面信息推广，假定生产者对整个市场的信息推广成本为 3 个单位，在对接上一个消费者进行产品交易后，在产品的签约环节支付 1 个单位的签约成本，在执行环节支付 1 个单位的监督合约执行成本。这样，每个企业在交易过程中支付了 5 个单位的交易费用。

因此：

$$消费者剩余 = 3 \times (20-10-5) = 15 \text{ 个单位}$$

$$生产者剩余 = 3 \times (10-5) = 15 \text{ 个单位}$$

$$社会总体福利 = 15+15 = 30 \text{ 个单位}$$

第二种情况：在理想的会展情况下，消费者和生产者集聚在一个会展平台上进行集中的信息搜寻和交易，交易过程如图 3.6 所示。

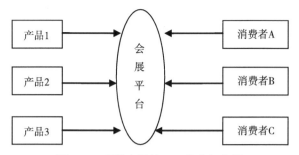

图 3.6 理想会展情况下的市场交易

消费者方面，集中在一个会展平台上进行信息搜寻，会展活动为消费者提供了一个信息集聚和交流的专门平台，并为信息的质量提供了制度化确定性的担保，每个消费者只需支付一次会展平台的服务费用，而无须再为在会展平台上获取的产品信息支付费用，假定该费用为 1 个单位，在签约和执行环节同样各支付 1 个单位的交易费用。这样，消费者在整个交易过程总共支付 3 个单位的交易费用，相对第一种情况降低了 2 个单位。

生产者方面，生产者通过购买会展平台的服务，使产品信息能在相对特定和明确的客户群中传播，节省了大量的在整体市场中进行产品推广的成本，而只需支付一次会展平台的服务费用，假定该费用为 1 个单位，在签约和执行环节同样各支付 1 个单位的交易费用。这样，生产者在整个交易过程总共支付 3 个单位的交易费用，相对第一种情况降低了 2 个单位。

因此：

消费者剩余 = 3×（20-10-3）= 21 个单位

生产者剩余 = 3×（10-3）= 21 个单位

社会总体福利 = 21+21 = 42 个单位

上述两种情况结论对比可以看出，会展平台在市场信息聚集及交流方面具有巨大的优势。但是这些优势都是建立在会展相关的知识产权产权清晰、制度完备的情形下得出的。

第三种情况：在当前知识产权保护制度建设不完善、产权不清晰的会展市场较为无序的情况下，消费者和生产者的交易过程和成本收益情况应如以下分析所示。

消费者方面，在支付了 1 个单位的会展服务费用后，消费者仍不能确定选定的生产者及其产品具有合格的资质和质量，因此另须自行核查其信息的真实性，这一核查过程再支付 1 个单位的成本。签约环节支付 1 个单位的签约成本不变。在履约环节，由于会展制度不完善导致的产品知识产权信息泄露风险加大，有可能导致市场上出现盗版产品而危害到消费者对产品的专有权利，因此消费者在履约环节中要支付比前两种情况更多的履约成本，在此假定为 2 个单位。这样，消费者在整个交易过程中需要支付 5 个单位的交易费用，与第一种情况持平。

生产者方面，在支付了 1 个单位的会展服务费用后，生产者在产品展示过程中仍要花费精力维护自身的知识产权等重要的商业秘密不受侵犯，因此也须另行支付维护产品信息的成本，在此假定为 1 个单位。签约环节支付 1 个单位的签约成本不变。执行合约阶段，生产者也要承担在会展平台上泄露的产品信息对其造成的仿冒品和品牌混淆的困扰，履约成本亦相应增加至 2 个单位。这样，生产者在整个交易过程中需要支付 5 个单位的交易费用，亦与第一种情况持平。

因此：

$$消费者剩余 = 3 \times (20-10-5) = 15 \text{ 个单位}$$

$$生产者剩余 = 3 \times (10-5) = 15 \text{ 个单位}$$

$$社会总体福利 = 15+15 = 30 \text{ 个单位}$$

根据以上分析，在产权不清晰，会展制度建设不完善的情况下，消费者和生产者并没有在会展平台上获得任何好处，会展平台相对于一般的市场营销方式并无任何优势。相反地，第三种情况还未计入生产者在知识产权受到侵权后对品牌形象和产品市场价值造成的长期的市场冲击。因此，缺乏会展知识产权制度保障的会展活动和会展经济是无长期发展的生命力的。

(二) 会展交易成本的产生

1. 会展竞争机制

竞争机制是会展交易成本的起源。会展竞争机制是会展市场竞争与价格、供求等因素之间相互制约和相互联系而发挥作用的机制。假设市场上只有一个生产者，那么促成交易的搜寻成本、签约成本和履约成本都将微乎其微。❶ 会展市场的竞争行为主要发生在同类产品的不同厂商或企业之间，如会展承办企业之间、布展设计企业之间，以及同一展区内的参展商之间；竞争的手段主要包括价格竞争、质量竞争、服务竞争等，以较高的质量、较低廉的价格或较好的服务战胜对手；竞争的内容主要包括争夺市场、资金、人才以及先进技术等。竞争可以促使市场定价更为合理，促使企业改善经营管理和提高劳动生产率，但同时也加大了企业在广告推销等非生产性环节的投入，引发了交易成本上升的副作用。尤其是当市场供应者越来越多，而生产技术革新不明显的时候，非生产性的投入对于企业市场份额的作用就越强。交易成本的相对增长是获取来自劳动分工和专业化的收益的必然结果。

2. 会展市场环境

会展作为一个商品集聚、知识产权交易尤其频繁的场所，其环境特殊性使知识产权交易产生更可观的交易成本，也决定了会展知识产权保护机制成为知识产权制度整体中特殊的一环。

会展的前沿性和科学性增加了知识产权的交易成本。展会作为推广商品、促进贸易的一种重要的市场形式，其初衷是为了将商品集聚到有限的时空内，降低商品的推广和搜寻成本，但对于知识产品而言恰恰起到反作用。展示知识产品具有泄密风险，而不展示知识产品又无法实现推广目的，以及进行知识产权监管时对侵权行为的技术界定，都对会展知识产权保护工作提出了很高的技术要求。

会展综合性和国际性使知识产权交易成本进一步扩大。进入 21 世纪，通信技术突飞猛进，综合化和国际化成为提高会展水平的一个重要方向。但是，随着会展国际化程度的加深，作为知识产权传播媒介的会展为侵权的发生提供了更大的便利。一次知识产品的展示即可为全球竞争者所熟

---

❶　虽然那将导致垄断等新问题的出现,本书不予一一讨论。

知，侵权成本低廉。越是影响力大的国际性会展活动，其知识产权问题越容易在国际上形成恶劣的影响，使权利人面临更严重的交易成本。

会展的集聚性和短暂性对知识产权问题的解决提出了严苛的效率要求。参展商品集聚性，会展时间的短暂性是展会活动的基本特征。参展商品的集聚性容易造成所蕴含的知识产权问题可能在短时间内一并迸发，案件数量压力大；展会时间的短暂性更要求会展上的知识产权规则以效率优先，容易引起在极短时间内解决这些纠纷与普通知识产权保护司法或者行政处理程序的冲突。

(三) 广交会：一个交易成本控制的实践探索

中国（广州）进出口商品交易会（"广交会"）作为中国"第一展"，也是新中国成立以来规模最大、举办历史最为悠久的展会。在很长一段时间里，广交会是世界了解中国的一个窗口，它就像一面镜子，映照出中国经济的发展状况。知识产权侵权现象会严重损害国家在国际社会中的形象，因此广交会成为我国最早一批起步探索会展知识产权保护工作的会展活动。基于规制产权关系、保证会展中知识产权交易的顺利进行、企业的技术和品牌优势转化为现实的市场竞争优势的会展内生性激励，广交会的展会知识产权保护机制诞生了。

第一阶段是"专项行动重点维权时期"，知识产权体现出消极价值，即知识产权是我国企业外贸活动中所要避免付出的额外成本。改革开放初期，由纺织类商品出口见长的中国厂商最常遇到的就是商标侵权问题。所以1992年起历届广交会都要进行商标侵权问题的排查。简单快速的运动式处理方式成为知识产权保护的首选。广交会主办方以专项行动表明了本展会对知识产权侵权行为严厉打击的立场，加重了商标侵权行为的违法成本。这种对知识产权侵权行为的打击具有准确度高、阶段性强的特点，以每届广交会为单位实施，可以在展会期间有效震慑和提示参展商规范知识产权行为。但是，由于专项行动具有持续时间、处置精力有限的特点，仅适用于展会市场规模较小、侵权主体占总体参展商比重不大的情形。

　　第二阶段"常设机构全面维权时期"，国内厂商的资本积累足够支持并重视发展自主知识产权，知识产权的积极价值显现，因此，对自身知识产权的维权意识开始觉醒，要求展会对知识产权的保护力度再上一个层级，同时要求知识产权保护的效率提高，激励广交会进行制度改进，设立常设机构、邀请相关执法部门联合执法。广交会改主动出击的运动式查处为常态化接访处置，并邀请专家和执法部门进驻。在节约和集中办案资源的同时有效提高了处置效率和合法性。知识产权权利人投诉有门、处置高效，有效降低了知识产权交易的侵权风险。其不足之处在于，处置效力仅限于当届展会，对侵权人展外的延续性行为没有能力规制，侵权行为容易发生反复。

　　第三阶段"制度建设完善时期"，展会知识产权保护的重要性进一步提高，而经过十年的实践，广交会主办方也汲取了大量的办案经验，更行之有效的、规范的规则体系呼之欲出。2001 年至今，广交会积极开展规则制定，包括举证规则、惩罚规则、移送规则、执法行动综合行为的广交会《涉嫌侵犯知识产权的投诉及处理办法》的出台，全面规范了展会的知识产权交易，使知识产权的经济价值更彻底地显现出来。建立了"知识产权侵权黑名单"，并通过权力机关将展会规则与普通知识产权保护司法或者行政处理程序相对接，形成了完整的会展知识产权交易的保护机制，大大提高了侵权人的违法成本，迫使其回到正常知识产权交易中来。

　　随着市场机制的不断完善和规范，知识产权的经济价值更加突显出来，蕴含庞大的利润机会。利润机会是吸引资源投入的磁体。理性人永远不会放弃对利益最大化的追求。如果这一吸引力不起作用，必然是由于有阻止资源自由流动的障碍存在。交易成本过高就是促使早期广交会参展商漠视知识产权利润机会、不尊重知识产权的障碍。广交会机制的成功就在于始终抓住调节展会上有关知识产权交易及保护的成本与收益关系这个关键，促使理性人放弃选择侵权以及其他违法行为，回归到正常交易秩序中。

第四节　会展利益相关方践行知识产权保护的动因

一、参展商

前面的章节提到，参展商的需求包括：销售产品或服务的需求；推介自身产品或服务，树立品牌，培养客户的需求；进行市场调查，了解市场动态的需求；发展企业网络的需求。参展商在展会上的首要目的是推广出卖产品，占领市场，获得利润；更高级的追求则是品牌宣传和树立、市场动态的把控以及需求新的合作机会。这些需求的满足都是建立在其产品的良好质量和信誉上，否则买卖没有市场、合作无以砝码，在同行交流中也无法树立地位。在展会这个时间短暂、空间有限的特殊环境下，市场竞争被无限放大了。要在激烈的市场竞争中脱颖而出，更亟须建立和维护竞争优势。由于存在不确定性以及不对称信息，资源所有权对于经济结果的影响就是重要的。知识产权以其作为产品的核心经济价值，成为企业必须坚守的竞争优势，为参展商积极呼吁和采取会展知识产权保护措施提供了巨大的激励。

二、参观者

好的会展活动可以激发参观者的多种需求，包括信息需求、消费需求、娱乐需求、交流需求等。信息需求，是指参观者需要了解行业市场信息和相关领域的信息和动态，接触竞争对手和处于产品及服务上下游的企业，评估其优劣势以改进自己的产品和服务。消费需求，是指购买会展产品。通过比较产品及服务的价格和性能，寻求特定的产品和发现新产品或者新用途，针对性地了解自己所需产品的技术功能和参数。娱乐需求，主要发生在消费型的会展中，例如购书节、商品展销会等，可以满足休闲娱乐，甚至提高个人文化素质修养等享乐的需要。交流需求，尤以专业性会展上的专业买家为代表，寻求发展和建立可能的新的商业关系。

上述这些需求和决策都是建立在信息获取的基础上的。参观者不一定在会展活动中直接达成交易，但一定会获取决策所需要的信息。会展以专业化的形式为参观者提供了收集产品、服务质量和价格信息的机制。制度化形式担保对于这项供给是尤为重要的。建立在知识产权保护制度上的会展品牌化，会展来来新的附加价值，即"第三方认证价值"。会展活动成为参展商和参观者之间的"见证人"，能够有效满足参观者对于信息真实性的要求。2006 年亚洲电子产品贸易战暨美国电子产品展上，主办方巨流传媒就退出了"质诚质量信用报告"，为与会者提供权威的产品质量信用参考，在一定程度上消除了参观者的决策障碍，提高了交易效率。

三、组展者

首先，展会组织者的基本职责是展会平台的组建和提供配套服务，知识产权服务也是其中一项重要内容。组展者在展会准备过程中要同时搭建展会知识产权保护信息库，包含当地相关法律法规、组展方知识产权负责人的联系方式、有关国家机关和知识产权律师或代理机构的联系方式、专业翻译等信息。组展者发挥这项作用成本是极低的，一次性设计，每个展会都可以重复使用，又能切实改善参展商的便利。

其次，展会组织者是展会的第一线组织和协调者，能够对场内的各种行为做出最迅速最及时的反应。这种地位使组展方进行或配合进行知识产权侵权调查、证据采集和现场处理成为优势选择。由展会组织者提供的知识产权侵权救济能够现场即时开展，具有更强的时效性。此外，展会组织者的身份较为隐蔽，也能降低在调查过程中对参展商的商业影响。

再次，组展者的本职就是努力了解参展商的业务和参展目的，切实从帮助参展商的角度出发，做好服务工作，因此，展会组织者作为展会活动中立的第三方，其知识产权侵权处理比一般执法机构更易于为参展商的利益着想，平衡双方损害。事实上，一些国际展会已经探索提供仲裁规则，为参展商在展会期间的知识产权纠纷提供调查帮助或解决方案，并在参展商中具有相当的权威性。❶

---

❶　如意大利米兰马契夫展会的"知识和工业产权服务规定"。

四、周边服务提供者

会展服务的提供商包括但不限于会展场馆提供方、媒体广告服务商、会展物流服务商、展位设计与特装服务商、旅游娱乐服务商，等等。会展是关联性极高的产业，会展活动的成功举办仰仗着周边服务提供者的全力支持。反之，周边服务提供者的经营生存也依赖着会展活动产生的经济需求。在会展知识产权侵权乱象频发、会展市场无序竞争所导致的会展效益下降、会展订单减少情况，也将使周边服务提供者的生存状况大受打击。因此，配合会展知识产权保护工作，是符合会展周边服务提供者的经济需求的。

更进一步地，建立在会展知识产权保护制度上的会展知识产权交易市场，能够为会展周边服务提供者获得更多更长远的经济利益。例如，一个会展品牌的树立，意味着对会展活动全方位服务的肯定。周边服务提供商也可以以该会展服务提供者的身份推销相关业务，甚至在会展主办方允许的情况使用会展标志进行广告宣传。又如，在客流量较大的会展活动中，创意新颖的特装展台往往使人留下深刻印象，在会展知识产权保护制度健全的情况下，布展服务商可以放心地行使其著作权，展示作品进行业务推广，在每一个设计作品中发掘更长远的经济价值。

五、制度设计方的保护动因

国家机关，即知识产权保护制度的设计方，无论是从促进经济发展的角度，或是构建社会秩序的角度，都有充分的理由来推进会展知识产权保护的制度建设。

(一) 经济发展的红利

经济基础决定上层建筑，制度设计方的完善会展知识产权保护的动力首先来自会展经济对于国民经济的贡献。作为营销沟通服务的供给方，会展的前向关联涉及国民经济行业分类代码表中 20 门类 96 大类的几乎所有行业，为各行各业各领域提供竞争激励、资源信息和品牌沟通服务；作为产业链上游配套服务的需求方，会展的后向关联广泛涉及交通物流、金融保险、网络通信、酒店餐饮、设计搭建、广告公司、文秘翻译、商务谈判、安保检验、文化休闲、旅游商购、健身娱乐等行业,拉动相关服务业走向繁荣;作为现代服务业产业群,广义会展活动形成了基于现场的展览、会议、节庆、赛事、演出、主题公园等大会展产业,直接创造了终端消费。会展业具备了"一业兴百业、一行活万行"的龙头引领作用。一些经济数据提供了更有利的证明。据不完全统计,2010年中国会展业直接产值2482亿元人民币,拉动效应2.23万亿元,占全国第三产业增加值的13%。2005—2008年,德国商贸展览年均总投入为120亿欧元,而由此带来的产值效益则高达235亿欧元。❶

交易费用理论认为,如果现存的产权结构限制或阻碍了人们对相对价格或技术变化的反应,潜在的利润没有被人获取,将会使得人们有动机去采用更为合适的产权制度。事实证明,当知识产权制度束缚了会展经济发展的时候,各个国家和地区都积极地调整了制度设计,为会展经济的发展营造了更良好的制度环境。会展经济发展越旺盛的地方,其会展知识产权制度的设计越完善,例如德国、日本等会展强国以及香港地区,越能够激发经济进一步向上的活力。会展业在我国也飞速发展起来,在第三产业中占据了较重的比例,由会展知识产权保护不力而产生的行业乱象必须引起国家机关的重视和有效解决。

(二)　维护社会秩序的成本

经济发展的红利是国家机关健全会展知识产权保护制度的外部激励,而维护社会秩序则是国家机关的基本职能。健全完善制度对于降低整个社会的运行成本,提高整体社会福利水平,具有重要的意义。

交易费用包括动用资源建立、维护、使用、改变制度和组织等方面所涉及的所有费用,其中,建立制度安排所作出的集体投资是"固定的"交易费用;另一种"可变的"交易费用,则取决于交易的数目或规模的费用。在无规则的情况下,"可变的"交易费用由于交易数目的增加或交易

---

❶　张敏.中外会展业动态评估年度报告(2012)[M].北京:社会科学文献出版社,2012.

规模的扩大而不断增加。例如，产权的界定存在界定费用，当界定费用过高或困难，使得权利没有得到合适的界定时，外部效应就会产生。当"可变的"交易费用大于建立制度安排的费用时，通过建立制度安排，确定权利归属，给予市场主体稳定的行为预期，固化部分的交易费用，可以有效地降低社会整体的交易费用。并且，交易数目越多，分担到每项交易的"固定的"交易费用就越低。由此可以推出，政府行为要比基于个人产权和私人性讨价还价的行动带来更有效的结果。在市场经济活动活跃的情况下，建立制度安排是降低交易费用的不二选择。

交易费用另一个有趣的方面是，不考虑其他，它们的水平取决于个人的行为。如果相互信任在社会中占主流，则监督和执行费用就会非常低，有利的情形下，产权会得到尊重，对于有关冲突的公平解决的性质方面就会存在相对较为一致的认识。那么，社会道德、自信、信任和制度框架似乎就相互融合在一起了。公共教育支出、动员公民的费用可以被看作是导致较小"摩擦"（交易费用）的主要诱因，且会提高经济的生产率。这就可以解释国家机关的另一个职能——教育职能。体现在会展知识产权保护上，就是国家机关可以通过加强对社会大众的知识产权意识教育和宣传，营造尊重知识、尊重创造的社会氛围，作为会展知识产权保护制度建设的有效辅助。

第四章
中国会展知识产权保护所涉及的现行政策法规

第一节　会展管理制度

市场只有在具备完备的法律条件下才能够体现出资源配置的有效性，会展管理制度是保证市场正常有序运行的基本制度。我国的会展管理制度分为会展活动管理、会展企业管理和会展活动质量控制三个方面。

一、会展活动管理

我国现行会展管理体制以会展活动的分级审批制为主，这是我国现行会展业管理体制中的核心组成部分。一般来说，会展活动举办前要依据活动主题向主管业务部门申报。对展览面积在 1000 平方米以上的对外经济技术展览会和境内法人出国办展并招收其他境内企业和组织出国参展的活动则规定了严格的审批程序。

2004 年海关总署、商务部发布的《关于在我国境内举办对外经济技术展览会有关管理事宜的通知》对展览面积在 1000 平方米以上的对外经济技术展览会的审批程序进行了规定，按照主办方级别不同分为以下几类进行程序规范。其中，国务院负责批准以国务院部门或省级人民政府名义主办的国际展览会、博览会等；商务部负责审批由国务院部门所属单位主办的、境外机构主办的对外经济技术展览会，省级外经贸主管部门主办的和多省（自治区、直辖市）联合主办的对外经济贸易洽谈会和出口商品交易会，以及涉及台湾地区厂商或机构参展的对外经济技术展览会（海峡两岸的经济技术展览会，须由商务部会同国务院台湾事务办公室审批）；地方其他单位主办的对外经济技术展览会，由所在省、自治区、直辖市外经贸主管部门审批；中国国际贸易促进委员会系统举办的对外经济技术展览会，由中国国际贸易促进委员会审批；以科研、技术交流、研讨为内容的展览会，由科学技术部负责审批；对在北京以外地区举办的展览会，主办单位还须事先征得举办地外经贸主管部门同意。

2006 年商务部和中国贸促会修订和重新公布的《出国举办经济贸易展览会审批管理办法》对境内法人出国办展并招收其他境内企业和组织出国参展的活动进行了规范。规定了出国办展须经中国国际贸易促进委员会审批和商务部会签。该办法还规定组展单位要制定加强保护知识产权工作方案，严禁假冒伪劣、侵犯知识产权的商品参展，要制定国外突发事件应急处理预案，及时妥善地处理好各种突发事件。

审批制是计划经济时期的产物，它的优点在于能够较好地适应政府宏观调控的需要，以避免重复建设会展项目并保证项目质量。从知识产权保护的角度来看，审批制强制会展活动信息登记，对会展知识产权信息的基础数据建设是有较大贡献的。其缺点在于行政审批耗时较长，也束缚了会展企业根据市场形势而及时调整业务活动的能力，容易限制会展市场的壮大，例如出国展览项目的审批，贸促会仅每个季度受理一次，灵活性较差。

为了释放市场活力，21 世纪以来我国会展业管理体制开始了缓慢的简政放权改革进程。目前的体制正在探索从审批制向备案制转型。一方面，境内举办的涉外经济技术会展和境内会展企业出国办展组展仍然主要沿用分级审批制，另一方面，国内商品贸易展览会、人才技术交流会等类型的会展正在不断取消审批，逐渐加强市场的自主性。例如，2004年海关总署、商务部发布的《关于在我国境内举办对外经济技术展览会有关管理事宜的通知》就明确取消了面积在 1000 平方米以下的对外经济技术展览会的审批，改为备案；2010 年《商品展销会管理办法》废止；2013 年国务院取消了人力资源社会保障部关于举办全国性人才交流会的《国务院对确需保留的行政审批项目设定行政许可的决定》（国务院令第

412 号）审批，新闻出版广电总局的关于举办全国性人才交流会的《国务院对确需保留的行政审批项目设定行政许可的决定》（国务院令第 412 号）审批、新闻出版广电总局的关于在境外展示、展销国内出版物的《国务院办公厅关于保留部分非行政许可审批项目的通知》（国办发〔2004〕62 号）审批，工商总局的关于世界博览会标志使用许可合同备案的《世界博览会标志保护条例》（国务院令第 422 号）、《特殊标志管理条例》（国务院令第 202 号）保护，以及国家林业局的关于主办全国性经济林产品节（会）活动印发的《〈全国性经济林产品节（会）管理规定〉的通知》（林造发〔2010〕269 号）的审批决定，等等。❶

一系列举措在激发市场活力方面取得了积极的进展，尤其是国内商品贸易展览会近年来呈现出数量激增的形势，有效提高了会展业的盈利水平。但同时也引起了更多管理上的难题。

一是取消审批或登记后，工商行政管理部门不再对展销会名称、时间、场地、参展商品种类及举办单位的办展资质条件等事项进行事前的审核把关，会展活动主办方也没有义务上报活动信息，会展信息更难掌握，企业办展的随意性增大，以致恶意骗展、虚假宣传、损害参展商、消费者权益等违法违规行为有机可乘，在此基础上知识产权保护工作也成为无本之木。

二是取消审批或登记后，会展行业的主管部门没有确定，会展有关的行政管理职能分散在各个职能部门，有关部门又无法提前掌握展销会情况及时开展监管工作，执法人员只能通过加强现场巡查的方式加强监管。这对于编制有限的一线行政执法队伍来说几乎是不可能完成的任务。由此造成了"谁都有权管，谁都没力管的"管理空心化局面。

会展业发达的地方，已经认识到监管缺位造成的行业乱象，开始尝试出台行业管理办法，规范市场经营活动，提出了一些颇有成效的创新措施。

---

❶ 周春雨.取消展会审批项目仅涉及少数行业［EB/OL］.（2013-05-21）［2014-12-01］.http://expo.ce.cn/sy/gd/201305/21/t20130521_24403779.shtml.

　　石家庄市于 2008 年出台了《石家庄市会展业管理办法》，在管理体制上采用了备案制，规定了承办单位应当在举办会展活动 60 日前，到市会展管理机构备案。在主管机构方面，明确了商务行政部门是会展业的主管部门，还专门设立了石家庄市会展业发展管理办公室作为会展管理机构负责会展业的管理工作，并赋予会展管理机构对相应违法行为的行政处罚权。该办法还提出了由会展管理机构建立会展业咨询服务制度，对重点会展实行事前、事后评估，为参展者提供咨询；设立承办单位诚信档案，定期向社会发布；统计会展活动数据，提供会展活动动态信息。市会展管理机构应当设立举报投诉机构，接受投诉举报，及时查处，按规定需移送的案件应当及时移送相关部门。

　　同年，南宁市也出台了《南宁市会展业管理办法》，在管理体制上采用了申报制。每年一月和六月，会展举办单位集中申报会展计划，商务部门应当及时将拟办展信息在其公务网站上公布。申报制确保商务部门有充分的时间协调解决"撞车展"的问题，对会展计划中同类题材会展的举办时间间隔不足一个月的，由商务部门组织有关单位协调，引导举办单位有序办展。在该办法中，会展知识产权保护问题也得到了较高的重视，包括设立了会展名称保护制度，实行备案保护；要求会展举办单位应当依法做好会展知识产权保护工作，建立展前参展项目、展品、展板、展台及相关宣传资料等知识产权审查制度；规定了工商、知识产权行政管理部门应当进驻展会的情形；规定了商务部门设立会展主办单位、承办单位和会展场馆方、参展方、展台搭建单位及其他会展从业单位的信用档案，等等。

　　呼和浩特市于 2010 年出台了《呼和浩特市大型活动及会展业管理办法》，规定了呼市举办的会展活动实行一展一报的备案、登记制度。国内外各企事业单位、社会组织必须在开展大型活动及会展业筹备工作之前将大型活动及会展业的相关材料报呼和浩特市大型活动办公室（又称"呼和浩特市会展业管理办公室"）备案后方可实施。在此基础上，同类展会或规模相近、题材雷同的活动，要进行资源整合、统一协调，原则上三个月内不举办同类展会。值得一提的是，虽然国际会展领域采用广义的会展概念由来已久，但是国内会展业的管理体制仍然聚焦展览业为主，呼和浩特市的办法在先进会展管理理念的实践上取得了重大的突破。

二、会展企业管理

作为市场主体的会展企业，国家早在 2003 年就取消了对在我国境内举办对外经济技术展览会的主办和承办单位的资格审批，为企业发展营造了较为宽松的制度环境。为了引入国际先进的会展企业，助力我国会展行业与国际接轨，2004 年起，商务部又发布了《商务部关于设立外商投资会议展览公司暂行规定》。该规定明确鼓励国际上先进的会展组织者在中国设立外商投资会议展览公司，并且允许在中国境内设立外商独资形式的外商投资会议展览公司。商务部及其授权商务主管部门是外商投资会议展览公司的审批和管理机关。经批准设立的外商投资会议展览公司可以按规定在中国境内主办、承办各类经济技术展览会和会议。

为了更好更多地吸取国际会展的办会经验，保证我国会展行业的良性发展，该规定还对投资主体的资质做出较高的要求。申请设立外商投资会议展览公司的外国投资者应有主办国际博览会、专业展览会或国际会议的经历和业绩。

三、会展活动质量控制

在审批制逐步退出管理舞台的情况下，会展活动质量控制成为行业有序发展的重要导向。目前，我国会展活动的质量控制制度尚处于探索起步阶段，《专业性展览会等级的划分及评定》《展台等临建设施搭建安全标准（试行）》《经济贸易展览会术语》是会展活动质量标准的主要依据。

2003 年国家经贸委批准实施了《专业性展览会等级的划分及评定》商业行业标准，是推进中国会展项目标准化的重要文件，具有一定的标志性意义。该文件内容包括展览会等级的划分、依据和评定方式，专业性会展等级的评定条件，等等。等级的划分是以专业性展览会的主要构成要素为依据，包括：展览面积、参展商、观众、展览的连续性、参展商满意率和相关活动等方面。

2010 年，由中国展览馆协会组织编制的《展台等临建设施搭建安全标准（试行）》发布和实施，成为国内首个针对展览行业展台等临建设施搭建的安全管理标准。

2011 年，国家质量监督检验检疫总局和国家标准化管理委员会发布了《经济贸易展览会术语》国家标准，对展览类型、展览场所、展览相关方、展览有关活动、展览有关文件等方面的术语进行了统一规范定义。

此外，《展览术语量度方法》《国际展览会分级与评估》《展览场馆分级标准》《展览场馆经济评价规范》等一系列会展活动质量标准的有关文件都尚在制定当中，进展缓慢，而会议业、大型节庆活动等活动则仍未纳入国家会展业的质量管理当中，我国会展业的管理制度建设和改革仍有很长的路要走。

第二节　知识产权法律制度

一、实体法

与大多数国家一样，我国并没有对会展知识产权进行单独实体立法，会展知识产权在权利内容和性质上与一般知识产权并无本质区别，各种会展知识产权可以根据权利客体的特点分别归入现有法律规定的权利类型中给予保护。目前我国适用于会展知识产权保护的实体法律法规主要有：《中国人民共和国民法通则》（以下简称《民法通则》）、《中国人民共和国专利法》（以下简称《专利法》）、《中国人民共和国商标法》（以下简称《商标法》）、《中国人民共和国著作权法》（以下简称《著作权法》）、《特殊标志管理条例》《中国人民共和国反不正当竞争法》（以下简称《反不正当竞争法》）等。

（一）《民法通则》

《民法通则》是我国知识产权保护依据的基本法律。《民法通则》第五章第三节将知识产权单列一节进行了明文规定，列举了著作权、专利权、商标专用权和发现权等四种知识产权权利。《民法通则》确立了四种最基本的知识产权权利，但是随着社会的发展，知识产权的种类越来越多，国家按照知识产权的客体不同，先后制定了一系列的特别法，细化和完善知识产权法律体系。

（二）《专利法》

我国目前实施的《专利法》已经经过了三次修改，在保护专利权人的合法权益，鼓励发明创造，推动发明创造的应用，提高社会创新能力等方面都获得了长足的进步。我国的专利法保护的发明创造包括发明、实用新型和外观设计三种。发明，是指对产品、方法或者其改进所提出的新的技术方案；实用新型，是指对产品的形状、构造或者其结合所提出的适于实用的新的技术方案；外观设计，是指对产品的形状、图案或者其结合以及色彩与形状、图案的结合所作出的富有美感并适于工业应用的新设计。会展知识产品中，符合条件的展品和展览器材可以依法申请获得三种专利权任一的保护，符合条件的会旗、吉祥物、布展设计也可以积极申请外观设计专利权的保护。

（三）《商标法》

商标法是在生产经营领域确认识别性标志权利法律地位的主要法律。2013 年最新修改的《商标法》对注册商标的范围进行了巨大的突破。依照该法规定，取得商标权应当符合三个条件：一是具有显著性；二是表现形式为文字、图形、字母、数字、三维标志、颜色组合和声音等，以及上述要素的组合；三是依法注册或取得市场上驰名商标地位。同时，县级以上行政区划的地名或者公众知晓的外国地名，不得作为商标。会展知识产品中，能较恰当地满足商标法要求，并得到商标法保护的会展标志主要有会徽、吉祥物、会旗和会歌，会展名称常常由于缺乏显著性或包含不符条件的地名而被拒之门外。

（四）《著作权法》

不同于依申请而获得的专利权和商标权，著作权是随作品的完成而诞生的。我国《著作权法》所定义的作品包括文字作品，口述作品，音乐、戏剧、曲艺、舞蹈、杂技艺术作品，美术、建筑作品，摄影作品，电影作品和以类似摄制电影的方法创作的作品，工程设计图、产品设计图、地图、示意图等图形作品和模型作品，计算机软件等形式创作的文学、艺术和自然科学、社会科学、工程技术等作品。著作权在知识产权体系中具有一定的兜底性质，范围广泛，几乎所有的智力创作作品都可以囊括其中，会展知识产品亦在此列。会展知识产权人要懂得利用著作权法，即使没有及时获得专利权或商标权，也可以在符合条件的情况下，以著作权为由进行权利主张。尤其是布展设计图、展示应用的计算机软件等，未能申请专利时，也要积极运用著作权保护自己。

（五）《反不正当竞争法》

我国的《反不正当竞争法》诞生于国内服务业尚不发达的 20 世纪 90 年代，并至今未作修改，在司法实践中，会展业不正当竞争行为参照裁决。《反不正当竞争法》的立法定位是为规范市场经济的各个具体法律规范的补充性法律，该法第五条第 1、2、3 款分别列举了三种能够侵犯会展知识产权的常见不正当竞争行为，包括：假冒他人的注册商标；擅自使用知名商品特有的名称、包装、装潢，或者使用与知名商品近似的名称、包装、装潢，造成和他人的知名商品相混淆，使购买者误认为是该知名商品；擅自使用他人的企业名称或者姓名，引人误认为是他人的商品。在该法的适用范围内，会展名称的权利得到了保护。

（六）《特殊标志管理条例》

《特殊标志管理条例》是我国在公益活动领域确认识别性标志权的主要法规。在会展知识产品中主要应用在会展标志类的保护。依照该法的规定，会展标志取得相关权利需要满足三个基本条件：一是具有显著性，二是表现形式为由文字、图形组成的名称及缩写、会徽、吉祥物等标志，三是依法登记。由于该法对适用客体范围做了明确的列举式规定，因此，在众多种类的会展标志中，仅有会展的名称、会徽和吉祥物属于"特殊标志"的范畴,能够受到该条例的保护。

我国会展知识产权主要适用法律见表4.1。

表4.1 我国会展知识产权主要适用法律汇总

法律文件名称	适用客体范围	可适用的会展知识产品
《专利法》	发明、实用新型、外观设计	展品、展览器材、会旗、吉祥物、布展设计
《商标法》	文字、图形、字母、数字、三维标志、颜色组合和声音等,以及上述要素的组合	会徽、吉祥物、会旗和会歌
《著作权法》	文字作品,口述作品,音乐、戏剧、曲艺、舞蹈、杂技艺术作品,美术、建筑作品,摄影作品,电影作品和以类似摄制电影的方法创作的作品,工程设计图、产品设计图、地图、示意图等图形作品和模型作品,计算机软件等形式创作的文学、艺术和自然科学、社会科学、工程技术等作品	会徽、吉祥物、会旗和会歌、展品、布展设计图、展示应用的计算机软件
《反不正当竞争法》	名称、包装、装潢	会展名称
《特殊标志管理条例》	具有显著性的,由文字、图形组成的名称及缩写、会徽、吉祥物等标志	名称及缩写、会徽、吉祥物

(七)一个难题:会展标志权的保护

会展标志因种类繁多,特征不一,成为知识产权法保护的一大难题。我国目前按照会展标志权所有权主体的性质不同,将涉及会展标志权的立法主要分为营利性的会展标志权立法和非营利性的会展标志权立法。会展标志权所有权主体以生产经营为目的,以商标法和不正当竞争法的保护为主;会展标志权所有权主体以社会公益为目的的,以特殊标志管理条例的保护为主。虽然在法律适用的权利主体上有如是划分,但是各个法律所规制的侵权行为大同小异，集中在对权利人产生经济损害的假冒或仿造会展标志以及商业混淆行为。其中，商标法规制的侵权行为范围最广，力度最强，但是仅覆盖会徽、吉祥物、会旗和会歌；反不正当竞争法对会展标志权的适用是针对会展名称的商业混同行为；特殊标志管理条例所列的侵权行为基本为商标法所涵盖，但其适用范围与商标法仅有部分重合，一般不符合商标注册要件的会展名称能够得到特殊标志管理条例的保护；世博会标志管理条例所列适用客体范围和侵权方式最符合会展标志权保护的实际，但是在适用客体范围的表述上采取列举式、封闭性的语句，难以适应变化的实际，是典型的"一会一策"的特别立法范例。

世界博览会标志保护条例《世博会标志保护条例》是为了加强对中国2010 年上海世界博览会标志的保护而制定的，专门保护世界博览会标志的行政法规。该条例对世博会标志给予了全面充分的保护。首先，该条例保护的标志范围比较全面，包括了名称、会徽、吉祥物、会旗、会歌、主题词、口号七种标志；其次，该条例规定了比较全面的以商业目的使用世博会标志的侵权形式，主要包括以营利为目的进行的如下七种行为方式：将世界博览会标志用于商品、商品包装或者容器以及商品交易文书上；将世界博览会标志用于服务业中；将世界博览会标志用于广告宣传、商业展览、营业性演出以及其他商业活动中；销售、进口、出口含有世界博览会标志的商品；制造或者销售世界博览会标志；将世界博览会标志作为字号申请企业名称登记，可能造成市场误认、混淆的；可能使他人认为行为人与世界博览会标志权利人之间存在许可使用关系而使用世界博览会标志的其他行为。这七项比较全面地保护了世博会标志权利不受侵犯。《世博会标志保护条例》虽然是针对世博会标志而制定的，但是很多内容对于会展标志具有普适性，在研究完善对会展标志的保护方法时可以适当借鉴。

二、程序法

(一) 行政法律程序

中国是一个行政法较为强势的国家，我国对展会期间知识产权保护执法制定专门法律规范，对会展知识产权的法律保护手段以行政执法为重点，行政程序和司法程序双管齐下。需要注意的是，目前的行政法律程序主要聚焦在会展活动中参展商的知识产权权益保障上，会展标志、布展器材等产品的保护力度仍然是薄弱的。

1. 中央

2006 年起实施的《展会知识产权保护办法》，对境内举办的各类经济技术贸易展览会、展销会、博览会、交易会、展示会等活动中有关专利、商标、版权的保护程序的设置进行规范。展会知识产权保护办法是专门的部门规章，规定了展会管理部门、展会主办方和参展方的职责与权利，以及展会期间处理知识产权侵权案件的流程。知识产权行政管理部门具有相关侵权的处罚权，目前对会展知识产权进行保护的仍然是行政机关的介入处理为主。专利、商标、版权的投诉处理分属地方知识产权局、工商行政管理部门和新闻出版及广播电视部门管理，工商行政管理部门还负责举办展会的审批。海关负责与进出口货物有关的知识产权保护。知识产权权利人发现展馆内的展品、宣传品涉嫌侵犯其知识产权的，可以向会展所在地知识产权行政主管部门请求处理，或向该部门驻会的机构请求处理。知识产权行政管理部门对投诉材料进行审查，审查合格后，才正式立案受理。案件受理部门随即派出执法人员到被请求人的展位送达执法文书，同时进行现场勘验检查，对与案件有关的展示物品予以取样。认定侵权行为成立的，则责令侵权人立即停止侵权行为。此外，该办法也规定展会主办方具有保护知识产权的义务。

2007 年中国国际贸易促进委员会出台了《大型出国经贸展览活动管理办法》，重点针对出国参展的知识产权保护等问题，从政策层面为大型出国经贸展览活动营造了一个和谐有序的市场环境。

随着会展活动的国内外联系不断加强，海关在会展知识产权保护中的作用凸显出来。中国海关对知识产权的保护则划分为"依申请保护"和"依职权保护"两种模式：①依申请保护，是指知识产权权利人发现侵权嫌疑货物即将进出口时向海关提出采取保护措施的申请，由海关对侵权嫌疑货物实施扣留的措施。由于海关对依申请扣留的侵权嫌疑货物不进行调查，知识产权权利人需要就有关侵权纠纷向人民法院起诉。②依职权保护，是指海关在监管过程中发现进出口货物有侵犯在海关总署备案的知识产权的嫌疑时，依职权主动中止货物的通关程序并通知有关知识产权权利人，并根据知识产权权利人的申请对侵权嫌疑货物实施扣留的措施，主动采取制止侵权货物进出口，并有权对货物的侵权状况进行调查和对有关当事人进行处罚。

2. 地方

《展会知识产权保护办法》整体看来仍是一部框架性的规章，明确了相关主体的职责权限，知识产权保护程序的衔接问题。为了进一步细化操作流程，更好地落实知识产权保护实践，各个地方都结合自身会展业发展出台了地方性的会展知识产权保护办法，其中不乏职责权限内的制度设计创新，尤以广州市和义乌市的会展知识产权保护办法较为突出。

在结合广州会展业发展和会展知识产权执法的相关经验基础上，广州市于2009年出台了《广州市会展知识产权保护办法》，在多项制度设计上取得突破。①明确了展会主办单位建立知识产权备案和公示制度、设立知识产权工作机构的职责，极大地增强了展会主办方的知识产权保护职责的可操作性。展会主办单位须将本届展会参展商备案的知识产权按类别编印成知识产权保护目录，在展会开始15日前向参展商公布；展会未设立知识产权工作机构的，展会登记部门不予登记。②在侵权惩罚措施上取得突破，引入了展会主办单位对参展商的拒展手段，直击参展商的利益要害。此前对于展会上的知识产权侵权行为，多以撤展和罚款的方式进行惩罚，罚款数额较小，对侵权人的震慑作用有限。该办法则规定，对于具有一定恶劣情形的侵权人，展会主办单位有从下一届展会起连续三届拒绝其参加同一展会的义务。广州是国内重要的会展中心之一，在此举办的很多展会都已形成了较大的市场份额，在同行中具有良好的声誉和影响力，连续三届不能参加展会将使企业失去很多发展良机，使侵权人真正感受到惩罚的切肤之痛，自觉纠正行为。③该办法还设计了专利侵权纠纷解决的简易程序。适用简易程序处理的案件，专利行政管理部门应当在收到处理请求材料的 24 小时内立案并送达被投诉人，被投诉人应当在收到材料后的 24 小时内进行答辩，专利行政管理部门应当在被投诉人答辩期满后 24 小时内作出处理决定。

近年来，伴随着义乌小商品市场的声名远扬，义乌的会展业也发展起来。为了规范相关知识产权保护工作，2011 年义务市出台了《义乌市会展知识产权保护办法》，该办法着重强调了会展知识产权纠纷处理的效率，对程序时限提出了具体的要求。如展会产权投诉机构在收到符合规定的投诉材料后，应在 2 个工作小时内将投诉材料和承诺送达被投诉人；被投诉人应在 4 个工作小时内作出不侵权的有效举证，否则应将涉嫌侵权的物品撤展；展会知识产权投诉机构应在 2 个工作小时内将举证材料送达投诉人，同时展开调查认定工作，并在 8 个工作小时内做出是否涉嫌侵权认定；认定侵权行为成立的，应在 2 个工作小时内责成被投诉人将涉嫌侵权展品撤展。按照办法，整个流程耗时一般不超过 2 天。

（二）民事法律程序

尽管我国一些地方正在进行设立专门的知识产权法院的尝试，目前北京、上海、广州三地已经投入运行，但是在国家制度层面上尚未形成知识产权诉讼的特别程序机制，我国展会知识产权侵权案件与香港同样，使用一般的诉讼规则。

在 Trips 协议的要求下，在正式诉讼之外，我国完善了知识产权司法保护的临时措施，包括"诉前禁令"和"诉前财产保全"。知识产权的权利人或者利害关系人有证据证明他人正在实施或者即将实施侵犯其知识产权行为，如不及时制止将会使其合法权益受到难以弥补的损害的，可以在起诉前向人民法院申请采取责令停止有关行为和财产保全的措施，并丁采取措施后的十五日内正式提起诉讼。实践中，我国法院在对待知识产权的诉前禁令，尤其是涉及会展的知识产权诉前禁令方面是非常谨慎小心的，导致会展知识产权案件诉前证据保全，尤其是专利侵权案件诉前证据保全被采用的次数降低。

（三）刑事法律程序

依照我国法律，违反知识产权保护法规，未经知识产权所有人许可，非法利用其知识产权，侵犯国家对知识产权的管理秩序和知识产权所有人的合法权益，违法所得数额较大或者情节严重的行为，构成犯罪。我国对于侵犯知识产权犯罪案件采取了"自诉为主、公诉为辅"的追诉原则。根据最高人民法院《关于适用〈中华人民共和国刑事诉讼法〉的解释》（法释〔2012〕21号），除严重危害社会秩序和国家利益的案件外，侵犯知识产权犯罪案件都纳入到"被害人有证据证明的轻微刑事案件"，属于自诉案件中的一般案件。自诉人在提起自诉时须向法院移送全案的证据，法院对自诉案件的证据是否确实充分进行审查后才正式开庭审理。

第三节　会展自律规则

《展会知识产权保护办法》实施前，展会主办方对展会期间知识产权侵权案件的处理主要有三种模式。①展会内部自律模式，以广交会为代表的大型展会使用较多。会展知识产权保护机构（如知识产权投诉站）审查受理知识产权权利人的投诉后，派出工作人员到被投诉人展位进行现场检查，经认定被投诉人的展品、宣传品落入投诉人的知识产权权利保护范围，且其又不能作出不侵权有效举证的，被投诉人应当自行将涉嫌侵权展品撤下展架。②自律调解模式，中小型展会使用较为频繁。会展知识产权保护机构受理投诉后，派出工作人员到被投诉人展位进行现场检查、认定，组织双方当事人进行调解，促成双方达成和解，妥善解决争议。若争议无法解决，则由投诉人直接到知识产权行政部门投诉立案处理。③仲裁模式。会展知识产权保护机构参照仲裁模式组成裁决小组，负责对会展中的知识产权争议进行裁决。会展知识产权保护机构受理投诉后，派出工作人员到被投诉人展位提取样品，根据会展主办单位制定的章程或者规定，在双方自愿的原则下，选定裁决人员，参照仲裁原则对投诉案件予以裁决。广交会还自行设立了"知识产权侵权黑名单制度"。在第93届广交会开幕前夕，大会公布了连续两届取消中国南光公司、深圳外贸集团公司等19家专利和商标侵权企业在展区展览资格的决定，并从该届广交会起执行。这对侵权企业造成极大的震慑。

《展会知识产权保护办法》统一了展期在三天以上（含三天）的展会的主办方保护措施。要求展会管理部门认为有必要的，展会主办方应在展会期间设立知识产权投诉机构。而展会举办地知识产权行政管理部门应当派员进驻，并依法对侵权案件进行处理。展会知识产权投诉机构在收到投诉材料后，应于24小时内将其移交有关知识产权行政管理部门。地方知识产权行政管理部门可以根据展会的展期指定被投诉人或者被请求人的答辩期限并应当及时作出处理决定。

同时，会展自律规则相对于法律法规的出台具有更强的灵活性，各地会展业协会正在探索通过行业自律的形式对会展标志权展开更有力度的保护。《深圳会议展览业行规》的正式试行，就将矛头指向了会展业中的不正当竞争，吃了会展知识产权流转的"螃蟹"。行规规定，在深圳申办同类展览，使用同一展馆或不同展馆但同一展期的，上一年已经在深圳成功举办（指通过评级认为是成功展览的会展）过该展览的申办单位具有优先权。如果一定要使用他人展期，应当与他人协商，通过赎买方式解决。后申办单位在不同展期举办该同类展览的，应当与先举办单位的展期前后相隔至少3个月以上。在申办同类展览时，后申办单位应当尊重他人的劳动和知识产权，在申办会展名称及举办同类展览时不得与他人正在使用的展览名称相同或近似。后申办单位如果希望使用他人正在使用的会展名称（指通过评级认为是成功展览的会展），应当与该会展名称使用人协商，通过有偿转让获得该会展名称。

第五章

会展知识产权保护的国际经验

第一节　立法经验

在国外的立法实践中，会展标志权没有被作为特别的法定权利种类予以单列，而是在商标法、反不正当竞争法等领域，符合条件的会展标志被纳入商标、商业标识的范畴予以保护。

一、国际规则层面

目前，我国已经加入的知识产权保护方面的国际公约及加入时间为：《世界知识产权组织公约》（1980 年），《保护工业产权巴黎公约》（1985 年），《商标国际注册马德里协定》（1989 年），《关于集成电路知识产权条约》（1990 年），《保护文学艺术作品伯尔尼公约》（1992 年），《世界版权公约》（1992 年），《保护唱片制作者防止唱片被擅自复制日内瓦公约》（1993 年），《专利合作条约》（1994 年），《与贸易有关的知识产权（包括假冒商品贸易）协议》（2001 年）。以上国际公约大多是对知识产权保护作出的综合性规定，并对知识产权保护的范围作出了规定。❶

（一）《保护工业产权巴黎公约》

1883 年签订的《保护工业产权巴黎公约》，简称《巴黎公约》，是第一个对商业标识提出保护的国际公约。该公约的签订始于会展业的知识产权保护。1873 年在维也纳举行的国际发明展览会上，就因为主办国奥匈帝国缺乏对国外发明的保护而使外国发明人不愿将它们的发明公开展览。尽

---

❶ 王维晓.国际会展业的知识产权保护[J].消费导刊,2009(1):159.

管当时的奥匈帝国通过颁布临时保护的法律来对各国参展发明给予一定的保护，但根本问题并未解决。该次国际性的展览会引发了各国对专利等工业产权给予国际性保护的关注，于是有了《巴黎公约》的诞生。《巴黎公约》之所以对国际展览会展出的发明、实用新型、工业品外观设计、商标给予临时保护及优先权，正是考虑到排除在国际展会上首次展出的商品的侵权担忧，有益于促进技术与经济的国际交流。该公约第一条第二款规定："工业产权的保护对象有专利、实用新型、外观设计、商标、服务标记、厂商名称、货源标记或原产地名称和制止不正当竞争。"巴黎公约确定了四项基本原则：国民待遇原则，优先权原则，独立保护原则，最低保护标准原则。

（二）《与贸易有关的知识产权协议》

世界贸易组织（WTO）的《与贸易有关的知识产权协议》（TRIPS 协议）是 1993 年 12 月 5 日通过，1994 年 4 月 15 日正式签署，1995 年起生效的，可以说是当前世界范围内知识产权保护领域中涉及面广、保护水平高、保护力度大、制约力强的一个国际公约。我国于 2001 年加入 WTO 之后，也开始全面履行该协议的内容。TRIPS 协议涉及的知识产权共有以下八个方面：著作权及其相关权利、商标、地理标记、工业品外观设计、专利、集成电路布图设计、对未公开信息的保护和对许可合同中限制竞争行为的控制。同时，对上述知识产权的可获得性、范围及行使标准、施行、获得与维持程序、纠纷的预防及解决等，协议中均作了详细规定，已超出任何现有的知识产权国际公约，将使知识产权问题与贸易问题密不可分。

（三）世界贸易组织的《反不正当竞争保护示范条款》

世界贸易组织编纂的《反不正当竞争保护示范条款》，进一步界定了市场竞争意义的商业标识的范围及其表现形式。与其之前的其他公约不同，该条款对商业标识种类的规定比较丰富，认为商业标识主要包括商标（无论是否注册）、商号、商标或商号以外的其他商业标识、商品外观、商品或服务的标识、知名人士或众所周知的虚构形象等；并拓宽了商业标识的种类，认为："标识可以是向消费者传递市场上的一种商品或服务来自特定商业来源的信息的任何牌子、象征或图案，即使不知道该来源的名称。因此，标识可以包括两维的或三维的牌子、标签、标语、包装、颜色或者色调，但不限于此。"该条款属于示范法的范畴，没有实际的法律效力，但是为各国反不正当竞争法的修改完善提供了方向的指引。

二、会展业发达国家国内法层面

在一些发达国家中，会展业的发展已经比较成熟，法律制度对会展知识产权的保护也比较完善，形成了一些宝贵的经验，值得我国参考借鉴。展品和布展标志的法律性质相对较为明确，因此不纳入本章的研究对象，会展标志权、会展知识产权保护程序的相关立法是本章关注的重点。

（一）会展标志权的相关立法

1. 德国

（1）《商标和其他标志保护法》。

德国于 1995 年颁布了现行的《商标和其他标志保护法》，首次开创了商业标识法保护模式。❶ 该法将商标法的保护范围扩大到商业标志、地理来源标志等。会展标志可以依照该法的定义，作为商标或商业标志纳入保护。

该法的重大突破就是明确了商业标志外延，包括公司标志和作品标题。公司标志是指在商业过程中作为名称、商号或者工商业企业的特殊标志使用的标志，意图区别一企业和另一企业，并在相关商业圈内被认为是一个商业企业的显著标志的商业标志和其他标志，应等同于一个商业企业的特殊标志。在这个意义上，会展名称及其缩写、口号、主题词、域名等都属于公司标志。而作品标题是指印刷出版物、电影作品、音乐作品、戏剧作品或其他类似作品的名称或特殊标志。会展标志中的会歌、吉祥物等均可纳入作品标题的范畴。在 1999 年的著名"柏林国际展览有限公司诉森海塞尔"案中，森海塞尔公司在柏林电子消费展览会期间，未经展会主

---

❶ 董钟元.论展会标志权的法律保护［D］.北京:北方工业大学,2012.

办方柏林国际展览有限公司的许可，擅自将该展会标志应用在其电子产品的宣传广告中，被柏林地方法院认定为森海塞尔公司侵犯了柏林国际展览公司的商业标识权，上诉法院也维持了初审判决。

此外，该法集实体法规范和程序法规范为一体，不仅规定了商标和其他标志的权利内容和侵权责任，对商标的注册、保护及诉讼程序也进行了细致的规范，具有很强的可操作性。

（2）《工商会法》。

德国展览委员会（AUMA）是主要由参展商、购买者和展览会组织者三方共同组成的作为全国会展行业协会的有机体。根据德国《工商会法》，AUMA获得了公法法人的地位，其不仅须履行法律规定的职责，还根据行政机关的授权行使行政管理权。AUMA在德国会展业界极具权威性。通过立法，政府将许多会展业的管理职能都授权给它，在某种程度上它是政府的延伸机构，包括行业标准的制定和实施、资质认证、纠纷裁决等，政府试图通过以上措施来加强其行业自律水平。AUMA要求每一个会展企业必须加入，其目的在于确保能够协调整个行业的运作以及保证从业人员的利益。为确保德国会展市场的透明度，AUMA亦制定了很多的规章制度与措施，对会展名称给予类似商标的保护，以确保名牌展会不受侵害。根据有关规定所有的符号，尤其是文字、插图或者演示，可作为一个品牌受保护，借以区别自己与其他公司的商品或者服务。根据章程，AUMA有权对于展会的类别、地点、日期、频率等加以公告，从中协调、保护参展各方的权益。同时，AUMA也注重对会展业理论上的研究，其每年聘请专家对于会展业进行调查研究，除了每年发布年度参展计划之外，还定期向公众公布会展业的专项问题研究报告。这些研究成果和报告为德国政府的会展业管理提供了参考依据。

2. 美国

与德国法相比，美国法中没有创设"商业标识"的概念，而是采用扩大商标概念的包容性实现对会展标志等商业标识的保护。美国《商标法》规定，商标可由人们在商业中使用或打算使用的用来表示或识别其商品与他人商品以及表示商品来源的文字、名称、符号、图形或其他组合构成。定义中所述的"其他组合",留下一个开放性的客体范围,因此,几乎所有的标志,包括商品标志、服务标志、音响标志、域名、商号、三维标志、颜色标志、气味标志、地理名称等,在美国都可以受到商标法的保护。

美国也成立权威性质的行业协会,但是美国的行业协会比较注重根据会展内容的不同设立不同的协会分类,即专业会议的管理主要是由专业会议管理协会与会议从业者国际联盟进行管理与协调,而贸易参展商协会主要负责的是展会参展方的利益保护以及协调其与其他各方之间的关系的组织。这些不同的协会和会展业各方最后都要受国际展览协会和独立组展商协会的指导与管理。

3. 日本

日本是亚洲的会展大国,会展业在日本已有悠久的发展历史。日本对会展标志的保护采取了商标法和反不正当竞争法相结合的模式对会展标志加以保护。一方面,日本商标法明确了对会展标志的保护,其《商标法》第四条第9款规定,"与特许厅长官指定的政府或地方公共团体(下称'政府等')举办的博览会,或政府等以外的人举办的博览会,或者外国的政府等或取得外国政府许可的人在外国举办的国际博览会奖有相同或者类似的标记的商标(受奖者使用其标记作商标的一部分者除外)",不能进行商标注册。

另一方面,日本反不正当竞争法对商业混淆行为进行兜底式规定。日本《防止不正当竞争法》第一条第2款规定,"在本法施行的地域内,使用相同或类似于众所周知的他人的姓名、商号、标章或其他表明是他人营业的标记以致他人在营业上的设施或活动发生混淆的行为",因此而使营业上的利益可能受到损害的人可以请求制止这种行为。商业混淆行为是会展标志权受到的主要侵权方式。该条款使会展标志受到商业混淆行为侵权时得以有力还击。

4. 加拿大

在加拿大的法律规范中亦没有关于会展标志的概念，而对会展标志的保护是采取一般立法保护和针对具体会展活动单独立法相结合的方式。

对不正当竞争行为的规制，是《商标和反不正当竞争法》法律保护的一大特色，它规定构成不正当竞争的行为有：①发表旨在诋毁其竞争者的商业行为、商品或服务的虚假言论或误导性观点；②以使或可能使其产品、服务或商业行为与他人的产品、服务或商业行为产生混淆的方式，对其商品、服务或商业行为进行公开性说明以引起公众的注意；③冒充竞争者买卖货物，使另一方受骗并接受该货物；④对商品或服务作虚假的文字描述，可能使公众对商品或服务的以下方面产生误解：性质、质量、数量或成分，原产地，产品的加工、制作模式或服务的提供方式；⑤事实或采纳任何有悖于工商业诚实原则的行为。展会标志中的任何一种标志都可以受到该法律的保护。

其一，符合条件的会展标志依照《商标和反不正当竞争法》的规定进行注册，例如，奥林匹克五环标志、加拿大奥林匹克协会的标志都根据其《商标和反不正当竞争法》注册为商标。

其二，《商标和反不正当竞争法》的规制重点在于不正当竞争行为，无论侵犯的会展标志权如何定性，只要发生了法律规定的不正当竞争行为，都将受到法律的惩戒。

另外，针对个别季节性较强的国际重大会展活动，加拿大采取"一会一策"的特别立法方式对保护的力度予以补充，例如，加拿大在1973年7月通过了《奥林匹克法》，专门对奥运会标志进行保护，并在蒙特利尔奥运会结束后于1977年该法效力终止。

5. 国外会展标志权保护立法模式小结

国外会展标志权的立法模式大致可以分为两种：一是一般立法保护模式，例如德国和美国的商标法保护模式、日本的商标法和反不正当竞争法相结合的模式等；二是一般立法和专门立法相结合的模式，即单独制定保护展会标志权的专门法规，例如加拿大。值得注意的是，上述各国对会展标志权的保护范围，限定在生产经营和市场流通领域，集中在对不正当竞争行为的防御上。

（二）会展知识产权保护程序的相关立法

1. 德国：司法主导模式

德国展会知识产权保护在制度层面的法律手段主要包括民法、行政法和刑法三种。发现侵权后，知识产权权利人可以选择发起任一种程序维护自身权益。民法上的主要形式有警告信（附带保证书）、临时禁令；行政法上的主要形式是海关扣留；刑法上则是对故意侵权嫌疑人的刑事调查程序。而展会方面提供的知识产权服务则以信息服务为主。

（1）民事法律程序方面。

民法上，当知识产权权利人发现被请求人在展会上展销涉嫌侵权的产品时，可以选择向被请求人发出一份警告信，并附带一份保证将来不再侵权的保证书，或者直接向法院申请临时禁令及证据保全措施。

一般情况下，警告信是权利人提起知识产权民事诉讼法定的前置程序。德国反不正当竞争法第 12 条第一款规定，权利所有人在采取有法院介入的法律手段（比如申请临时禁令或提起正式起诉）之前，应当先给对方一个庭外解决纠纷的机会。警告信的内容通常为：向被请求人指出他的行为侵权了，告诉他被侵权的是哪项具体的商标或专利，并要求他签订一份带有合同罚金的保证书，保证将来不再侵权，如果将来违反保证，每违反一次，甘愿承担合同规定的罚金。为了确保警告信的实施，德国民事诉讼法第 93 条规定，如果被告人（或被请求人）的行为表明没有使法院介入的必要，并且立即当庭承认对方的请求权的话，那么法院虽然会裁定原告（或申请人）的请求权成立，但是双方的诉讼费用，包括律师费都必须由原告（或申请人）承担。为了避免虽然赢了官司却要承担诉讼费的后果，权利所有人在大多数情况下都会事先给侵权人发一封警告信，给对方一个庭外解决纠纷的机会。同时也为下一步申请临时禁令或正式提起起诉做准备。

如果涉嫌侵权的参展商签署了警告函，并且在保证书上签字确认不再侵犯知识产权权利人的知识产权，那么该参展商就必须将涉嫌侵权的展品从展位中撤出，并且不得再次展出该展品，否则就要承担保证书中约定的合同罚金。如果涉嫌侵权的参展商不肯签署附带合同罚金的停止侵权保证书，那么知识产权权利人就有权向所在地的法院申请临时禁令或直接提起正式起诉。

但是，如果知识产权权利人在申请临时禁令时还要求法院对证据进行保全，把被请求人展台上的侵权产品暂时交给执行临时禁令的法庭执行员来保管，那么法院就可以不要求知识产权权利人事先向被请求人发出警告函。因为德国法院认为，如果在具体的案件中确实有证据保全的必要的话，那么事先的警告就会提醒侵权人，并给他时间和机会藏匿或销毁侵权产品的样本，从而无法达到证据保全的目的。因此在这种情况下，权利所有人可以不必事先发警告信；同种不需要发出警告函的情况还出现于如果一个企业经常或多次故意侵权，法院也不要求知识产权权利人必要事先发警告信，因为德国的法律认为，对故意屡犯的侵权人没有必要给他德国民事诉讼法第 93 条的保护。

临时禁令是德国法院根据知识产权权利人的申请，发出的一个临时的禁制令，要求被请求人停止涉嫌侵权的行为，在展会上即将涉案展品撤展。临时禁令申请程序简单，风险较低，是德国企业在展会上互相攻击的常规武器。作为一种临时性的保护措施，临时禁令并不是最终的判决。如果想彻底击垮对手，阻止被请求人在以后的展会继续展销涉嫌侵权的展品，知识产权权利人仍然需要向德国的法院提起正式的诉讼，一旦胜诉，就彻底排除了侵权人展销侵权展品的可能。

（2）行政法律程序方面。

海关扣留是德国展会知识产权保护较为常用的行政法手段。知识产权权利人发现外国参展商侵权后，亦可向海关申请扣留涉案物品。德国海关的执法权限不以地域为限，而是以货物是否来自外国为准，加上德国举办的国际博览会外国参展商比例平均超过 50%，因此国际展会也是德国海关常常采取执法行动的地方。目前，德国海关针对来自于欧盟以外国家货物的执法依据主要是欧盟的 1383/2003 号条例。按照欧盟条例，知识产权权利人提起扣留申请的门槛很低，海关也不收取行政费用。申请人只需要提供知识产权注册的复印件，向海关提供一份书面的承诺，保证如果申请人没有按时启动审理侵权纠纷的民事法律程序或者民事法律程序最终裁决被申请人没有侵权的话，承担被申请人因海关扣留而遭受的损失。另外申请人还要书面许诺承担海关因保管和销毁被没收的产品而产生的费用。

海关扣留了侵权产品以后，将正式通知申请人和被指控的侵权人（被申请人）。程序的下一步可以是两个走向：一是申请人有义务在限定时间内向海关回复他是否已经启动了关于侵权的民事法律程序；二是申请人在相同的期限内通知海关申请人、被申请人均同意把被没收的侵权产品由海关销毁，这就是从 2008 年 9 月开始实行的所谓"简化的销毁程序"。执行销毁的费用先由申请人承担。原则上他可以日后把这笔费用加到侵权索赔的诉讼里面。

（3）刑事法律程序方面。

在德国，故意侵犯知识产权的行为也触犯刑法。知识产权权利人发现侵权后，亦可向检察机关提起举报和调查申请。由检察机关直接或海关在检察机关的授权下启动刑事调查程序。刑事调查程序启动后，海关人员有权根据德国刑事诉讼法把涉嫌侵权的展品作为证据暂行没收。如果刑事调查程序因情节轻微而不提起公诉，参展商又放弃要回展品的权利，则该案件自动结案，海关销毁被没收的展品。但如果刑事调查发现情节严重，需要提起公诉，则参展商则有承担刑事责任的危险。

2. 意大利：司法、展会服务双轨模式

在意大利，展会的知识产权保护从制度层面和展会服务两个方面展开。制度层面有民法、刑法两种法律手段，展会服务方则建立了一种仲裁规则。

（1）民事法律程序方面。

意大利在主要城市设立了 12 个知识产权法庭，专职审理知识产权纠纷案件。知识产权权利人发现侵权后，可以通过普通诉讼和临时程序两种程序启动诉讼程序。

普通诉讼是依证据立案的，通常只有在所有的证据都搜集到了才可以开始，初审的普通诉讼程序通常持续 3—4 年，上诉程序则需要 2—3 年，耗时持久。原告提起普通诉讼的目的在于获得法庭对侵权的认定。

为了在紧急情况下保护请求人的合法权利，意大利民法也设置了临时措施，一种是证据收集令（描述性令状），一种是没收及临时禁令。

证据收集令是指知识产权权利人在展会期间可以申请法院签发民事法庭的证据收集令，授权请求人在执行官、法院专家协助，并在配有摄影师的情况下检查被请求人被指控的侵权产品或侵权方法，形成包括对证据收集过程及所采集到的证据的笔录说明。证据收集令请求允许在展会期间提出。得到令状后，请求人必须在 30 天内按普通程序提起诉讼，否则收集到的证据便失效了。

知识产权权利人也可以向法院申请没收和临时禁令措施，没收所有侵权商品以及任何明显会导致侵权的产品或工具，阻止和禁止利用被指控侵权的产品或方法进行生产、推广、销售等活动。在展会情景下，权利人仅能在展会开始前发起该申请，并且法官批准该申请通常要安排听证，很少依单方申请批准。

（2）刑事法律程序方面。

如果展会期间涉嫌侵权产品触犯刑事法规，则知识产权权利人还可以向法院申请由刑事机构扣留涉嫌侵权产品。得到法院批准和检察官的确认后，可由警察依职权按照收集证据的需要而没收该展品的样品。此类刑事措施可以在展会期间强制执行，但是仅限于确定的"假冒品"案例。可能引起混淆的案例或虽然不会引起混淆但需要对"相似性"进行认定的案例都不可申请刑事扣留，仅可通过民事途径解决。

3. 香港：政府主导模式

香港的展会知识产权保护手段全面涉及行政程序、民事程序、刑事程序，以及展会服务措施。除民事程序由知识产权权利人独立发起以外，政府行为在行政、刑事与展会服务三个方面均有触及，体现出很强的政府主导性。

（1）行政及刑事法律程序。

香港海关是侵犯版权及商标行为查处、扣留和发起刑事制裁的主管机关。知识产权权利人及任何公众人士均可向海关举报任何涉嫌版权或商标侵权活动，警署人员执行公务过程中发现怀疑侵权货品，也可在行使权力拘捕侵权者和扣留该货品后，将案件转交海关处理。海关受理案件后，将采取进一步行动，包括调查侵权活动、拘捕侵权者、扣留冒牌和盗版货品，以及就有关商标和版权的罪行提出检控。较严重的刑事案件则由律政司代香港海关提出检控。

2006年起，香港海关主导并与"香港工商品牌保护阵线"（以下简称"阵线"）合作，推出一项针对打击在大型展览会展出侵权物品的"快速行动计划"。海关指引和协助阵线建立阵线会员的品牌及版权资料数据库，保证所存资料符合海关采取行动时所需的要求。举办短期展览会的企业单位可预先向阵线数据库就其产品的商标或版权提供有关资料，以供备存。在展览会期间一旦发现侵权行为，"阵线"可从数据库中实时抽取已准备好的商标及版权资料向香港海关举报。如果成功批核所提供的文件，香港海关会实时派员到展览场作调查及搜集证据，并向展览侵权产品的摊位负责人及侵权人的办公室（如有之时）展开调查。在搜集证据过程中，香港海关会尽量搜集充足的证据（包括人证及物证）来引证侵权活动。如有需要时，香港海关人员亦会向侵权人的雇员调查。如果香港海关相信被调查过的负责人涉嫌触犯香港关于商标、版权保护的相关法律，将依照法律对侵权参展商和展品做出处理，必要时可以启动刑事逮捕程序。

（2）民事法律程序。

香港未设置针对知识产权案件的特殊的民事诉讼程序，知识产权权利人发现侵权后，可以按照一般案件办理流程对侵权人提起诉讼，或者提交仲裁法庭作出仲裁。

香港民事法律程序在实体判决前亦有提供临时措施保护申请人紧急情况下的合法权益，香港法律称为"中间禁令"。一般而言，中间禁令于传讯令状发出后紧随作出，指示被告作出或停止作出某些行为。中间禁令可以是禁止性或强制性的，禁止被申请人继续进行不合法行为，或命令被申请人作出积极行为或停止违法行为以恢复原状。资产冻结令及容许查察令是其中两种强制性救济。资产冻结令的目的是限制有关财产（可能会被用作支付原告债务）的处分或转移，保证民事判决可以得到切实执行的强制性措施；容许查察令则是指为了保存申索标的物或有关文件，法庭有权作出强制性禁令要求被告允许原告进入被告控制下的场所检查该等物件并扣留和确保这些物品和文件被安全保管。值得注意的是，香港的仲裁法庭亦有额外的权利允许临时强制令。香港的《仲裁条例》第 35 条规定，仲裁法庭有权作出保存资产的命令。《仲裁条例》第 45 条规定，即使仲裁不在香港进行，只要仲裁裁决可能在香港执行，或该临时措施适用于香港，香港法院便有权力作出临时强制措施。

4. 小结

上述国家和地区都非常重视展会知识产权保护，根据自身法律制度和经济社会发展状况，建立了架构完整、组织相对严密的运作机制。各国在机制架构的设计方面都具有一定的相似性。较为显著的有：民事方面，上述国家和地区都是 TRIPS 协议的缔约方，根据 TRIPS 协议的要求，各国和地区都加强和完善了临时禁令措施在知识产权保护上的应用；在行政执法方面，海关查没被普遍应用到进口展品的知识产权审查当中；在刑事方面，考虑到知识产权侵权行为的社会危害性和对社会造成的不良影响之大，故意假冒、侵犯知识产权的行为在损害达到一定程度之后都相应地上升为犯罪，必须接受刑事处罚。

第二节　自律经验

展会的组织者已经认识到了自身在展会知识产权问题管理服务方面的重要地位，一些历史悠久的国际展会作出了有益的尝试。

一、瑞士巴塞尔国际钟表与珠宝展的 "参展商合同规制"

早在 1986 年，瑞士巴塞尔国际钟表与珠宝展就成立了仲裁委员会，名为"专家组"。专家组的效力源于参展商与展会管理部门签订的参展商合同。在该合同义务的规制下，参展商必须将其他参展商（被告）侵犯其知识产权的案件提交专家组。

如果参展商或非展商提起诉讼，专家组的代表团需要在起诉人的陪同下到被告的展位进行调查。专家组的代表向展位的负责人告知起诉相关事项，并记录被告的申辩，并把起诉人指认的侵权产品带走，在全体会议上对有争议的物品进行进一步的认真检查。专家组将于同一天在全体会议上根据知识产权和有争议的物品对投诉进行调查，做出判决并得出结论。

这项处理行为流程只需两天，专家组的结论会在第二天向双方做出通告。如果专家组认为有侵权行为发生，就会要求被告签署一份承诺书，承诺其不会在展会期间出售、展出或推广有争议的物品。败诉方需要承担费用。由代表取走的有争议物品，也将返还被告。被告可以在专家组调查期间，或专家组召开全会之前提出任何辩词。在专家组通知其判决后，被告可以在展会期间，通过提供新证据对专家组的判决提出上诉。

二、意大利米兰马契夫博览会的"自动确认的服务规定"

从 2001 年起意大利米兰马契夫博览会对巴塞尔经验进行了调整，开启了一种新的体制，提供仲裁服务（也是新体制的核心），并做了多处改进。

（1）无须参展商签订合同，而是由参展行为自动确认采用和认同一个特定的"知识和工业产权服务规定"。该规定是一种带有审前证据采集特殊体系的仲裁法规。参展商没有义务根据服务规定解决知识产权问题，但他们必须尊重"服务"及其及代表的活动，且任何人都不能拒绝服务的干预。

（2）服务代表在投诉人的陪同下赴被告展位进行调查，并不会从展位上取走该产品。

（3）检查（称为保护性服务）完成后，在与代表共同讨论过收集的证据后，索赔人可以立即要求被告将争议商品撤出展会。如果被告拒绝执行，索赔人可以要求服务代表进行干预，采用强制措施使被告将争议商品撤出展会。在此情况下，需要在同一天的下午举行听证会，由索赔人和被告在三位特别为此案指定的高级专家之前就利益冲突及专业问题展开辩论。双方如果有自己的律师，也可以在律师的帮助下进行辩论。

（4）由三位专家组成的专家组，将在全体会议上根据知识产权和争议商品对投诉进行处理。专家组需要在听证会结束 1 小时内做出裁决，比巴塞尔经验要求的时限更短。如果某种侵权行为经由专家组认定，被告应立即撤出争议商品。如果被告拒绝执行令状，继续侵权的行为将会被视为刑事案件（专家评估其具有客观的侵权行为，并且被告有主观故意），刑警会立即没收展会上的商品。

三、香港贸发局的"参展商须知"

香港的展览会机构较为特殊，由一个法定的专门机构——香港贸易发展局主导推广和管理。香港贸易发展局（简称"香港贸发局"）于 1966年根据《香港贸易发展局条例》（香港法例第 1114 章）成立，是专责推广香港对外贸易的法定机构，其中一项重要职能即是为各类展览会提供推广平台。目前，香港贸发局每年为在香港举办的几十个世界级国际贸易展览会进行推广，当中很多展会的规模，是亚洲同类展会中最大型的，部分更位居全球首位，体现出很强的政府主导性和权威性。

为了保证其展会健康的贸易氛围，香港贸发局不遗余力地开展知识产权保护工作，制定了《香港贸发局展览会保护知识产权措施：参展商须知》，针对其所举办的展会实施了一套处理展览现场侵权投诉的程序，并聘请驻场法律顾问，以确定侵权投诉是否理据充足，协助有关方面决定采取进一步行动或者从速解决纠纷。

其具体程序包括：①参展商就发生的知识产权纠纷向主办机构办事处报告，包括遭到投诉以及准备投诉他人，由贸发局的负责人员以及派驻现场的法律顾问处理。②投诉人应当向驻现场的法律顾问提交符合要求的文件及证据材料，驻场法律顾问会判断证据材料是否符合要求，被投诉人是否有侵权的嫌疑，证据不足则不予受理，证据充足则受理。③在受理投诉后，贸发局的负责人员以及派驻现场的法律顾问将前往涉嫌侵权参展商摊位处理该投诉，同时为涉嫌侵权展品或任何具争议的物品拍照最少三张。④听取被投诉人答辩后，除非答辩人能提出使驻场法律顾问认为满意的证据显示其有权经营该等涉嫌侵权的展品或物品，否则会被要求立即收回有关产品或物品以及不得在展览会举行期间经营所涉产品，同时须立即签字作出承诺，而承诺书副本及一张相片则会交予被投诉人及有关参展商，贸发局会保留一份承诺书副本及一张相片作为记录。⑤对于涉嫌侵犯版权、商标而被香港海关调查的展品，贸发局将直接要求该参展商收回所涉产品或物品。

在侵权惩罚方面，对于违反贸发局相关规定的参展商，香港贸发局可以拒绝涉嫌侵权的参展商或其任何母公司、有联系人士、相关联公司、附属公司参加香港贸发局以后举办的任何或所有展览会；并可以实时取消违反承诺参展商或其任何母公司、有联系公司、相关联公司、附属公司的参展资格，并且不再退还已收取的参展费。

四、国际展览联盟的"展会知识产权的保护建议"

国际展览联盟总结参展商需求和各国展会的有益经验，在 2008 年 2 月编写发布了"展会知识产权的保护建议"，提出展会组织者对七种行为作出保证。一是提供关于知识产权保护的资料（包括对参展商提出的权利提示和行为建议，展会组织公司的知识产权负责人的具体联系方式，当地/国家知识产权组织、海关当局和专利及商标律师的联系方式等）；二是提供诉讼代理服务的律师名单；三是提供现场专家或电话在线专家（知识产权律师、海关当局）；四是为在展会期间解决有关纠纷提供中立的仲裁、仲裁员或法官；五是提供专业翻译；六是提供现场办公室、特殊服务点或接待处应对展会期间的知识产权诉求；七是鼓励参展商提供他们的产品或服务受知识产权保护的证明。

上述是国际展览联盟对于展会组织者的进行知识产权保护的行为倡议和指导，并不是所有展会组织者都愿意付出足够的资源和精力实践。我国商务部根据上述七种行为，抽取欧盟会展大国的一、两个展会进行比较发现，多数国家展会止步于提供知识产权保护相关信息，更进一步的服务（如现场专家、仲裁服务等）并不多见。❶

---

❶　中华人民共和国商务部.展会中的知识产权保护:欧洲的实践和经验[M].[出版者不详],2009 印刷.

第六章

会展所涉知识产权权利诉求及实现

第一节　会展知识产权的实体法诉求及实现

一、会展知识产品的经济功能和立法目的

（一）会展知识产品的经济功能

实用性价值和识别性价值是会展知识产品的首要经济功能。实用性价值是指该产品能够投入生产和生活，改进生产效率或改善生活质量，一般体现在展品、布展器材上。识别性价值是指降低需求方在市场上搜寻、区别该服务的成本。例如，需求方识别到相同的会展标志，即意味着稳定一致的会展服务质量，不需要借由审阅该会展服务的具体质量控制流程等细节问题，而确定该描述是否与他对该会展品牌的理解相符。

会展知识产品的第二项经济功能是提高了会展服务的品质。会展知识产品能够树立和推广会展品牌，节约了二次宣传的成本，整体降低了推广服务和维持声誉的成本。更进一步地，会展标志能够形成对服务品质的管制。拥有了较高价值的会展标志，服务主体就不愿意降低其品牌的品质，因为这将使其在该会展标志上的投资蒙受损失。

会展知识产品经济功能的实现，是以法律保护为前提的。由于会展知识产品具有极强的可复制性，仿制他人会展知识产品的成本是很小的，在没有法律保障的情况下，越是强势的会展知识产品，引发该成本的激励就会越大。如果法律对此不予禁止，则搭便车的行为就可能损害在会展知识产品上所体现出的信息资本，从长期看将消除主体开发有价值的会展知识

产品以及提供长期稳定的服务品质的激励，不利于市场的整体发展。

（二）会展知识产权的法律属性

会展知识产权属于知识产权的范畴。知识产权是指权利人对其创造性的智力成果和经营管理活动中的标记信誉所依法享有的专有权利。会展知识产品是经由智力加工活动生产出的，或为具有独创性、新颖性、实用性的参加会展活动交流展示的智力成果，或为用以表达会展活动、会展展品的意义、内涵、服务品质等精神价值的智力成果，均属于知识产品的一种。会展知识产品，尤其是会展标志和布展设计作品的生产具有不可比性和极强的可复制性。会展标志的所有人只有通过对其享受专有权利，才能确保其发挥应有的潜在价值，排除不正当竞争的威胁。因此，会展标志所有人基于会展标志所享有的权利属于知识产权的范畴。

会展标志的知识产权属于知识产权中的识别性标识权利。1992年，国际保护工业产权协会东京大会提出了将知识产权分为"创作性成果权利"与"识别性标记权利"的分类方法。识别性标记权利包括商标权、商号权以及其他与制止不正当竞争有关的识别性标记权。识别性标识相较于传统的创作性成果，独创性的特点较弱，而识别性显著性特点较强。大多数会展标志虽然可以作为独立的创作性成果存在，但是识别性是会展标志的核心价值和必备特征，其所表达的会展组织和会展活动的相关理念、精神内涵和信誉等专属于会展组织和会展活动形象的信息，赋予其超出一般创作性成果的经济价值。因此，会展标志权属于识别性标识权利。

（三）立法保护会展知识产权的目的

知识产权法律保护出发点有二：一是促进该知识产品的主动应用，提高社会福利水平；二是节制不正当竞争，维护市场竞争的正常秩序和保持生产经营的效率。会展知识产权是会展活动经济价值中不可分割的一部分，会展知识产权体现在该会展活动的整体经济价值之中才能产生更强的市场影响和社会影响。法律对会展知识产权的保护，首先是对会展市场经济效率的保障，营造和谐有序的市场环境，有利于会展组织和会展活动的发展。

进一步地，对会展知识产权的法律保护，尤其是会展标志权利的保护，能够对会展组织和会展活动的壮大产生激励。会展标志是会展组织和会展活动的整体形象的象征，法律提供保护能够为会展组织和会展活动节约维护声誉的成本，使会展组织和会展活动更为专注地投入到服务质量的提升上去，为市场和社会提供更稳定和更高水平的会展活动、更守信用的会展组织、多样化的会展服务、更有利的会展选择等，有利于会展行业的健康发展。

(四) 关于会展标志权利的特别讨论

在经济活动中，会展服务是用以满足参展商和观众的会展相关需求的服务集合，如信息沟通与交流、展品运输与布置服务、场地的保洁服务、场馆管理服务、安保服务、处理突发事件的服务，等等。不同类型的会展活动根据性质、内容、地区等因素的不同，提供的服务有所不同；相同种类的会展活动，也会在提供服务的质量上有所区别。会展标志集中表现了会展组织和会展活动的独特个性，承载着会展组织和会展活动背后的精神追求和文化内涵，使客户在庞大的市场中方便快捷地识别和定位所需的会展服务。适用会展标志标明特定会展，赋予会展标志所有者以会展标志权，能够给参展商、参加者和观众提供便捷的辨别依据，降低搜寻成本。

1. 与商标的异同

商标是指商品生产者或服务提供者在其所生产的商品或所提供的服务上采用的，用于区别商品或服务来源的符号或符号组合。商标作为最早诞生的知识产品之一，已经被各国法律明确赋予商标权并加以保护。

商标与会展标志同为识别性的标记符号，但是具有一定的差异。其一，商标作为商品和服务的象征，具有唯一性。同一商品或服务只能添附一个商标。而会展标志的适用范围更广，一个会展活动可以具有会徽、会歌、吉祥物等多种会展标志。其二，商标应用于商业领域，以产生经济价值为目的。而会展标志所应用的会展组织和会展活动分为营利性和非营利性，因此，会展标志强调识别性，而财产性为从属地位。

2. 与特殊标志的异同

特殊标志是 20 世纪 90 年代以来，我国法律在大型公益性会展活动日益频繁的背景下创设的一个法律概念。《特殊标志管理条例》第二条对特殊标志做了明确的定义："本条例所称特殊标志，是指经国务院批准举办的全国性和国际性的文化、体育、科学研究及其他社会公益活动所使用的，由文字、图形组成的名称及缩写、会徽、吉祥物等标志。"

从该定义可知，特殊标志仅属于会展标志的一部分。相对于会展标志而言，该法所称的特殊标志，一是将适用主体范围限制为经国务院批准举办的全国性和国际性的文化、体育、科学研究等会展活动；二是将活动目的限制在公益范畴，明确排除了营利性会展的适用；三是将特殊标志的表现形式限制在文字与图形的组合。

3. 与商业标识的异同

世界知识产权组织于《反不正当竞争示范法》（*Protection Against Unfair Competition Act*）中列举了市场竞争意义上的商业标识的范围，认为包括各种在商品或服务上使用的，能代表商品自身特征并能将其与其他商品相区别的标志，例如注册或非注册商标、商号，及其以外的商业标志，例如在工商业活动中传递的某一企业以及其生产的产品或者提供的服务的某种风格的商业象征、徽章、理念、标语；产品的外观，包括产品的包装、形状、颜色或者产品的任何非功能性特征；商品或者服务的表述，这主要是指广告；知名人士或者众所周知的虚构形象。由此可以看出，商业标识是商业企业所享有的识别企业及其商品或服务形象的各种标志的集合。

商业标识与会展标志具有较强的相似性，二者功能同为识别相应的组织、商品或服务；二者表现形式均非常广泛，不作限定；一个组织、商品或服务均可同时拥有多种商业标识或会展标志。二者唯一的区别在于适用主体的性质差异。会展标志的适用主体是与会展相关的组织和服务，不论是营利性质或公益性质；而商业标识的适用主体则全部为营利性组织、产品和服务。

二、实体法中会展知识产权的实现

会展知识产权是会展主办方、参展商、周边服务供应商等有关会展活动的无形资产，对会展知识产权的保护是对会展组织和会展活动，会展服务顺利开展的基本保障之一。在市场经济条件下，会展服务的供应必然经过价格机制的作用，并为之付出交易成本。交易成本的大小，决定着对会展知识产权的保护是否有实现的必要，或什么程度的保护是有效率的。

关于会展知识产权的法律地位问题，一直是学界关注的热点。从学理上看，会展知识产权无疑属于一般性知识产权的范畴，但是在法律适用的实践中，给予知识产权地位又是十分困难的。尤其是我国的知识产权立法运用单行法的形式，只对知识产权的具体类型进行分别立法，没有综合性的知识产权法典，即使总领民事权利立法的《民法通则》也没有对知识产权进行概括性的描述或定义，对一般性知识产权的保护并无法律依据。因此，会展知识产权要由会展知识产品的具体属性分别归入不同的知识产权单行法中予以确权。一些会展知识产品，特别是以会展名称为代表的会展标志，常常由于达不到现行法的要求而被拒之门外，造成市场滥用的情况，阻碍了会展市场的良性发展。

在会展知识产品中，展品、布展设计和器材均具有较为明确的专利权、著作权、商标权等知识产权属性，而会展标志则较为模糊，成为本节分析的重点。笔者采用了交易费用的分析方法，对我国实体法应当采取怎样的途径对会展标志权予以保护进行了探讨，力求通过对会展交易各个环节的交易费用分析、设计并优化交易模式，获得对交易费用的细节认识。

（一）正当途径利用与侵权途径利用会展标志权的交易成本对比及成因——以中国为例

正当途径会展标志权交易主要经过如下环节：会展标志权原始权利的产生，需求方搜寻交易信息及确定交易对象，交易谈判，订立契约，执行并维护。主体的议价能力越高，承担的交易成本则越低。由于会展标志权的内外因素影响，侵权途径的会展标志权交易在上述多个环节中节约了大量的交易费用，使会展标志权侵权反而成为相关市场主体的最佳选择。

1. 会展标志权原始权利产生环节

客体种类繁多是会展标志权的一项显著特征，也是对其进行全面有效保护的巨大障碍。各种会展知识产品由于表现形式有所区别，所能取得的权利也有所区别。

（1）营利性会展。

会徽、吉祥物、会旗和会歌是符合商标法的注册商标申请条件的会展标志。经过严格的商标申请及核准程序，上述标志可以取得商标专用权。正常途径下，注册商标申请需要经过形式审查、实质审查、商标公告、领取注册证等四个步骤，一般耗时约 30 个月，即 2 年半，耗时较长，会展标志权交易的效率常因此受到影响。而非注册商标，除驰名商标外，不享有商标专用权，难以在市场经营中主张自己的权利。

会展名称聚集了会展的举办地、范围、性质等基本信息，是需求方对不同会展进行识别主要途径。目前我国大部分展会的名称都是采用"地区范围+展品内容"的模式，例如"第 12 届中国（广州）国际汽车展览会"（简称"广州汽车展"）这一展会名称表明了该展会的举办地为广州，展品范围为汽车。这样的命名规则一方面使用了县级以上行政区划的名称，二是显著性不足。基于命名原则的缺陷，大多数会展名称不能成为注册商标，无法获得专用权。只有会展活动达到"知名"的程度，会展名称才能获得反不正当竞争法的保护。

（2）公益性会展。

公益性质的会展活动，其名称及缩写、会徽、吉祥物可以向国务院工商行政管理部门申请登记其标志，从而获得特殊标志权。但是，获得此项权利的门槛较高，会展活动须先行获得"国务院批准举办该社会公益活动的文件"，而对于中小型的、地方性的会展活动来说，这基本是不可能的。

会歌、主题词、口号等其他会展标志都被排除在特殊标志管理条例的管辖之外，其难以主张作为会展标志的权利，仅能视为一般的知识产品在著作权的范畴下主张权利，在会展标志权交易中议价能力较弱。

2. 需求方搜寻交易信息及确定交易对象环节

我国会展业实行分级分类的审批管理体制，中国贸促会、商务部、科技部以及地方政府都可以按照展览的不同级别、不同内容进行相应的审批。对于会展活动的主题、命名、会展标志的创设等无统一的标准，会展活动信息数据也未联网。这种缺乏沟通的多层次、多渠道的审批必然造成政出多门、管理混乱、市场无序的局面，可能导致多家主题雷同，地域相近的会展同时获批、重复办展，造成了会展市场秩序的混乱。2012年，全国总共举办展览7083个，平均每天就有19个展会在全国各地举办。在如此庞大无章的市场中，供求双方的信息存在巨大不对称性和不确定性，会展标志的需求方通过正常途径准确寻找到自己需要的交易伙伴或有效率地核实交易伙伴的权利资质，几乎是难以完成的。而以侵权方式直接使用会展标志，无须搜寻交易伙伴免除搜寻费用，以零成本利用会展标志带来巨大收益。

3. 交易谈判环节和订立契约环节

取得商标注册、特殊标志登记或认定为驰名商标的会展标志获得了专有权利，可以依法进行流转，包括转让、许可使用、作为资产出资等，在交易谈判环节具有较强的议价能力。需求方可以通过市场的价格机制进行谈判，确定合同价值。

未取得商标注册、特殊标志登记或认定为驰名商标的会展标志则不享有相应的专有权利，不能排除其他主体对会展标志的应用，只有当其构成不正当竞争，对会展标志权人产生经济损失时，才能获得法律保护。因此，未取得商标注册、特殊标志登记或认定为驰名商标的会展标志权利人，在交易谈判环节和订立契约环节的议价能力较低。更有甚者，无须进入交易，可以直接在合理限度内对该会展标志权进行使用。

4. 执行维护环节

在会展标志权交易的执行和维护环节，交易双方都将付出可观的交易成本。首先，部分会展标志未获得法律的确权，产权不确定以及不具备资产的专用性，在权利维护上容易处于被动的地位。其次，会展标志权的应用范围和地域十分广泛，侵权行为具有一定的隐蔽性，难以察觉和展开维权。最后，会展管理体制中审批和管理权限的交叉导致会展业管理出现"三个和尚没水吃"的困境。监管机制运作失灵，导致会展标志权的维权难上加难。

5. 小结

通过对会展标志权交易各个环节的交易费用梳理可以发现，当前影响我国会展标志权交易成本高企的主要因素有二：作为组织资产的会展标志权的专用性不高，以及会展业信息不对称所造成的交易的不确定性较高（见表6.1）。

表 6.1　会展标志权交易各个环节交易成本

交易环节	确权环节	搜寻环节	立约环节	执行环节
交易费用	高	高	低	高
影响因素	资产专用性不高	信息不充分，不确定性高	资产专用性不高	资产专用性不高，不确定性高

(二) 经济角度出发保护会展标志权的途径选择

会展标志权的保护策略应该从权利内容的明确和会展信息流通渠道的疏导两个途径入手。

1. 明确会展标志权的权利内容

一是统一权利的保护领域。目前我国法律将会展标志权的适用分为生产经营活动类和社会公益活动类，这意味着营利性会展和非营利性会展的会展标志权分类保护，但是两个类别下都未涵盖所有权利客体。事实上，对会展标志权的保护应以侵权行为的目的性为标准，无论权利主体性质如何，受到他人以非法牟利的方式予以侵犯，都应得到法律的保护。而非商业目的的使用，不构成对会展形象的损害，一般不须视为对会展标志权的侵害。

二是明确各种会展标志权的效力位阶。会展标志权客体种类繁多，对每种权利的侵权行为在对社会的损害性上不尽相同，明确各种权利之间的效力位阶，有助于权利主体在相应的范围内维护权利。

2. 疏导会展信息流通渠道

为了克服会展业信息不对称，致使交易成本增加的重大弊端，疏导会展信息流通渠道是保护会展标志权的有效途径。

一是建立统一的会展标志数据库。会展标志数据库将使全国的会展标志查询和权利资质核查便利化，大幅减小信息的不确定性，降低搜寻环节的交易成本。

二是建立会展标志交易平台。会展标志的流转意向发布、谈判交易都在同一交易平台上进行，有助于缓解交易双方的信息不对称性，提高交易的效率从而节约立约环节的交易成本。

第二节　会展知识产权的程序法诉求及实现

一、会展知识产权保护程序的构成

1. 一般法律程序

会展知识产权保护的一般法律程序由民事法律程序、行政法律程序、刑事法律程序和展会执法的替代措施四个部分组成。民事法律程序由知识产权权利人发起，使用诉讼或非讼方式追究侵权人法律责任。行政法律程序由知识产权人向知识产权行政管理部门举报或知识产权行政管理部门依职权提起，对具有社会危害性但不构成犯罪的知识产权侵权行为作出行政处罚。刑事法律程序由检察机关向法院提起，以诉讼方式向侵权人追究刑事责任。会展执法的替代措施由展会主办方发起，以仲裁、参展合同责任等方式维护会展活动中的知识产权秩序，作为法律制度的有效补充。

2. 临时性救济程序

临时性救济程序是程序法中为特别紧急的侵权危害情形设计的认定和保护程序，按照救济的功能不同可以大致分为证据保全类的措施和暂停侵害类的措施两种。会展活动的时间短暂，传播速度快，影响力强，对临时性救济程序的应用较为重要。尤其是在会展活动中发生的侵权行为,及时留存证据和停止侵害,对于责任的追诉是至关重要的。证据保全,是在证据可能灭失或以后难以取得的情况下,用一定的形式将证据固定下来,例如暂扣、拍照存档等,加以妥善保管,以供定案件事实时使用。临时禁令,则是在诉讼过程中,有证据显示权利人由于迫近的侵害行为即将遭受不可挽回的损失时,法院有权发布一种禁止或限制行为人从事某种行为的强制命令,包括财产保全等。

3. 会展知识产权保护程序的设计导向

在规范完善的市场机制当中,知识产权蕴含巨大的经济价值和利润机会。利润机会是吸引资源投入的磁体。理性人永远不会放弃对利益最大化的追求。一般来说,在市场当中,交易成本过高是促使产生漠视知识产权利润机会、不尊重知识产权的最大障碍。知识产权保护程序规则应当能够调节有关知识产权交易及保护的成本与收益关系,促使理性人放弃选择侵权以及其他违法行为,回归到正常交易秩序中。

会展作为一个商品集聚、涉及知识产权的交易尤其频繁的场所,其法律适用的环境具有一定的特殊性,使会展知识产权保护机制成为知识产权整体制度中特殊的一环。对于知识产权权利人来说,会展作为推广商品、促进贸易的一种重要的市场形式,将商品集聚到有限的时空内,展示知识产品将带来知识产权泄密风险,知识产权权利人需要投入巨大的交易成本防止和追诉侵权行为;而不展示知识产品又无法实现会展推广目的,使知识产权权利人容易错失一些宝贵的商业机会。对于侵权人来说,会展活动就像一座"金矿"。尤其是会展国际化程度的加深,作为知识产权传播媒介的会展为抄袭和仿冒等侵权行为网罗技术信息,一次知识产品的展示即可为全球竞争者所熟知,侵权成本低廉。会展的时间短暂性和空间集聚性对知识产权问题的解决提出了更为严苛的效率要求。参展商品的集聚容易造成所蕴含的知识产权问题可能在短时间内一并迸发,案件数量压力大;会展期间短暂,要在极短时间内解决这些纠纷与普通知识产权保护司法或者行政处理程序之间存在冲突。

因此，会展知识产权保护运作机制的作用应当遵循知识产权市场的经济规律、符合会展的环境特征。首先，机制的设计应当符合当地市场的发展水平，通过对交易成本的控制，既发挥鼓励创新的作用，又能限制对机制的滥用，保证在保护私权的同时不会形成知识垄断。其次，机制的制定应当具有相当的权威性，把握行为人的经济命脉，足以使行为人产生并保持违法成本高于违法行为产生利益的稳定预期。再次，机制的运作应当是高效的，满足会展情景对知识产权保护的严苛要求。最后，具体侵权的认定程序应当具有较高的技术性和保密性要求，满足会展的特殊需求。

二、衡量会展知识产权保护程序的标准

（一）衡量原则

1. 公平原则

公平原则是法律制度建设的根本原则，维护社会公平是法律的基本职能和所有法律的立法初衷。在知识产权法律方面，公平原则体现在对知识产权的权利分配，既维护知识产权人的正当权利，又要避免知识产权垄断造成的不正当竞争，使市场秩序遭受不良影响。

2. 效率原则

效率原则是指法律制度运行必须注重实效，保证实施效率。效率低下是目前展会上知识产权保护遇到的主要问题，效率原则是展会知识产权保护机制建设的首要原则。

3. 公平与效率的选择

公平与效率是立法的两大基本原则。公平与效率是密切相关、互为前提、互相促进的。一方面，没有效率，公平只是浅层次的公平，即使形式上留有公平的痕迹，也不过是无本之木。另一方面，失去了公平的法律就失去了利益平衡的根本，处置程序再为高效也毫无意义。但是，公平与效率也存在着很深的排他性。要么以牺牲公平为代价强调效率，换取效率的提高；要么强调公平，以牺牲效率为代价，换取公平的实现。在"鱼"和"熊掌"不能兼得的情况下，要注重解决主要矛盾。笔者认为，由于知识

产权的普通法律制度已经对公平和效率作出了平衡，侧重于程序功能的会展知识产权保护机制应该是效率优先，兼顾公平。

（二）衡量因素

根据公平和效率原则在会展知识产权保护程序上的体现形式，研究设定了三个具体的衡量因素：流程用时、措施适用的难易程度和对权利归属的倾向性。

1. 流程用时

流程用时是指知识产权保护具体措施的程序启动到终结所需要耗费的时间，是体现效率原则的最佳因素。会展展期比较短暂，一般在2—4天左右。展期的短暂性是会展知识产权保护措施有别于一般措施的最重要原因。会展上的知识产权保护程序必须是高效的，因此，流程用时是一项重要考量。

2. 措施适用的难易程度

措施适用的难易程度是指知识产权人发现侵权事实后，所能采取的法律救济措施在获取途径、申请条件、申请时限等程序上的难易程度。即使是申请同种法律救济措施，申请材料和流程不同，也会对申请人的权利造成不同的影响。

3. 对权利归属的倾向性

对权利归属的倾向性是指具体法律救济程序设计所显示出的对申请人或被申请人的倾向性。会展的知识产权纠纷具有潜在的双向损害性，权利人可以利用知识产权法律保护自身合法权益，也可以在一定程度上动用知识产权保护程序限制竞争对手的行为，采用不正当竞争的方式剥夺竞争对手的商业机会，因此会展知识产权保护措施需要根据具体国家或地区的不同实际，作出一定的权利倾向，或有利于知识产权权利人，或有利于会展整体的交易秩序。

三、有关国家或地区会展知识产权保护程序的比较与实现

知识产权类法律与商业法律类似，具有全球同质化的倾向，知识产权的保护行为也需要世界各国形成合力，因此，各国在机制架构的设计方面都具有一定的相似性，具有较强的可比性。为了更好地研究会展知识产权保护程序设计的规律，笔者选取了会展知识产权保护各有特色的德国、意大利、香港及中国大陆作为比较研究对象。德国是世界公认的会展强国，会展业发展历史悠久，会展国际化程度高，会展知识产权保护制度完备严密。意大利是欧洲的会展强国之一，同时其国内经济结构中中小企业众多的情况与我国有一定的相似性，中小企业对会展业发展的影响值得探讨。香港地区的国际会展中心，面向亚洲市场举办了大量的国际展会，与中国内地经济有千丝万缕的联系，会展知识产权机制建设的起步时间较近，遇到的问题较为类似，有较好的借鉴价值。

笔者选取了临时救济类措施和非诉讼机制作为比较研究的内容，这两类措施在四个国家和地区差别较大，反映出四国或地区在会展知识产权保护中的价值侧重。

1. 临时救济类措施

受到 TRIPS 协议的要求，四个国家或地区在民事法律程序上都设置了临时禁令措施，并在知识产权法中明确其适用。各国或地区在具体适用条件和申请流程上各不相同。

从流程用时上看，德国临时禁令从申请到执行所需时间非常短，一般仅需 4—6 个小时，是四个国家和地区当中最短的。中国为法院在受理申请后 48 小时内做出决定。意大利的临时救济类措施分为两种，申请法院签发民事法庭的证据收集令（描述性令状），对被请求人收集民事证据，一般2—5 天；而没收和禁令则不能在展会期间实施。香港《高等法院规则》则没有明确规定申请临时救济措施的流程时限。

从措施的使用的难易程度上，德国临时禁令措施亦最为简便。在德国申请临时禁令申请时限从展会开始之前一直延伸到整个展会期间，申请时无须提供担保，不用预付法庭费，申请人只需要提供自己的知识产权权利证明的复印件，对方产品的照片或产品目录复印件，或打印出对方网上的广告等，然后"比较可信地"阐述一下对方的产品为什么侵权就行了。同时，法律规定法院、法官可以在不听取对方陈述的情况下直接作出裁决。意大利的申请时限仅为展会开始前，展会期间不允许申请临时禁令。香港的中间禁令和中国的诉前禁令申请，法律适用的条件都没有明确的规定，法官具有较大的自由裁量权，受到主观影响较大，不具备稳定的预期。中国的诉前禁令申请时还要缴纳与禁令标的物价值相当的担保押金，难度更大。

从权利归属的倾向性上，临时禁令本身就是一项对知识产权人的紧急保护，一旦实施，即使涉嫌侵权的参展商对相关部门采取的措施存在异议，提请复议，或者甚至是最终证明自己不侵权，在程序的进行过程中，该参展商仍然丧失了在当届展会中继续参展的可能，失去了无法估量的商机。德国的临时禁令作为一种单方行为，具有对知识产权权利人更强的倾向性。相较之下，意大利、中国香港、中国内地一般都适用听证程序，秉持更加公正的态度。意大利的措施还基于维护展会运行顺畅的考虑，将临时禁令的申请时限限制在展会开始之前，一定程度上保证了参展商的正常参展活动。香港法律则在事后环节赋予了被申请人"对无理威胁提起关于侵犯的法律程序的补救"权利，以震慑滥用知识产权权利从事不正当竞争的申请人。中国的诉前禁令法官持有比较审慎的态度，对诉前禁令的批准非常少。

2. 展会执法的替代措施

展会主办方对展会的知识产权秩序的维护是知识产权纠纷法律程序的重要补充。相对于诉讼程序，展会执法的各种替代措施可以更加快捷和秘密地解决知识产权纠纷。除德国的会展未观察到展会执法的各种替代措施提供之外，意大利、中国香港、中国内地都提供了各种展会执法的各种替代措施。意大利的为类仲裁机制（以米兰马契夫博览会模式为例），香港为政府主导的展会自律机制，中国内地为展会自律与行政处罚相结合的机制（以广交会为例）。

从流程用时上看，意大利的类仲裁机制最为便捷。其从接受受害方投诉到执行强制性措施一般花费1—2天，其中，侵权行为的证据收集、听证和认定环节要求在同一天内完成。中国的机制仅要求展会现场的知识产权投诉机构在接到投诉的 24 小时内移交有关知识产权行政管理部门，而未对知识产权行政管理部门作出处理决定的时限作出明确要求，弹性较大。香港贸发局亦未对处理时限作出明确要求。

从措施的使用的难易程度上，意大利的类仲裁机制最具有权威性。其建立在对"知识产权和工业产权服务规定"的自动采纳和认可的基础上，只有米兰或威尼斯的民事法庭的证据收集令，或指出可能的刑事违法并要求检察官及意大利警察的没收，才能替代此服务。而如果被告拒绝执行其仲裁专家组作出的撤展决定，整个案件有可能被上升到刑事层面，由刑警于展会现场立即没收相关侵权产品。该类仲裁机制可以被视为在意大利发起展会知识产权侵权法律程序的一种可选的前置步骤。而中国的机制具有明确的法律依据，展会主办方有维护知识产权的义务，要求展会时间在三天以上（含三天），展会管理部门认为有必要的，展会主办方应在展会期间设立知识产权投诉机构。但是，处理案件涉及的相关部门较多，容易形成衔接疏漏，导致措施运作缓慢。香港贸发局作为政府的法定机构，以及作为香港各类国际会展的主办机构等重要地位，使其建立的知识产权自律机制较为顺利地推进。该程序的正当性的巧妙设计是该机制中最具特色、最值得借鉴的部分。《香港贸发局展览会保护知识产权措施：参展商须知》（以下简称《参展商须知》）要求，假若投诉人按照《参展商须知》向主办机构提出投诉，并要求主办机构对其他参展商采取行动，参展商必须同意免除主办机构以及其代理和承包商（包括所述各方的法律顾问）的所有责任，同时悉数赔偿上述各方由于有关投诉或有关参展商所作出的其他要求、指示或指令而采取的行动所招致的任何损失、责任、费用（包括法律费用）、开支和索偿，并同意不会就有关投诉及被指控侵权，对主办机构以及其他代理和承包商（包括所述各方的法律顾问）采取法律行为、索偿或提出其他要求。三个国家或地区的处罚措施均有强制撤展。视情节严重性的高低，意大利可能直接对接开启刑事程序，中国香港和中国内地的展会都有自行规定禁止参与后续展会的处罚，中国内地的程序还对接了行政罚款等处罚方式。

从权利归属的倾向性看，三个国家或地区的相应机制都给予了被告人答辩的权利，都持有较为审慎公正的态度，没有观察到特别的偏好。

3. 比较小结

临时救济类措施和展会执法的替代措施是会展知识产权保护机制中的两大利器。从上述两类措施的对比中，可以看出四国或地区制度建设具有截然不同的倾向性。经过对比发现，德国的机制中对知识产权保护效率的要求最高；意大利和中国香港对公平和效率的平衡较为谨慎；而中国内地的机制尚处于建设阶段，还有很多完善的空间。这种状况的形成有其更深层次的背景，将在下一部分予以分析。

四、有关国家及地区会展知识产权保护的综合评价

（一）德国

1. 德国会展知识产权保护制度的背景

德国会展知识产权保护机制的建立，以高度发达的会展业和严谨成熟的法律制度为基础。

（1）社会背景。

德国会展产业经过 100 多年的发展，已经相当成熟，基本形成了一整套功能完备、核心突出、配套齐全的会展产业体系，是欧洲会展最为发达的国家。

会展业为德国经济做出了巨大的贡献。一方面，会展业向社会提供了几十万人的就业岗位，为服务业的壮大和社会的稳定做出重要贡献。另一方面，会展业直接带动了餐饮、宾馆、旅游和交通业的繁荣与发展，其每年的收入高达 130 亿美元，通过展会形成的订货合同金额每年大约都在 280 亿美元左右，有效保证了经济发展速度。

德国会展产业在国际上具有较强的影响力。每年德国举办约 300 场展览会，其中国际展会占到总量的一半，世界 2/3 的顶级行业展览会在德国举办；国际展会上约有一半以上的参展商来自海外，其中 1/3 来自欧洲以

外的国家；约 1/4 的观众来自海外，海外专业观众比例高达 30％。世界舆论普遍认为，德国众多主题展览会是最有效的介绍新产品、新技术的媒介物。许多企业决策者都评价德国展览会是他们作出购买决定的最重要依据。此外，德国展览会主办机构还积极从事海外展览业务的拓展，已建立起周密的代办网络，在全世界有办事机构 390 多家，每年在海外举办展会约 250 场左右，以不断扩大德国会展业在全球市场的影响。

（2）制度背景。

德国的法律体系十分完善，为程序的安全和透明提供了保障。世界经济论坛的一项研究表明，德国在"司法独立性"方面属于最优国家之列。全面细致的法律条文和有效的司法执行体系，为投资者提供了可靠的法律环境和快速行使其权利的可能。

在主体地位方面，德国奉行经营自由的原则，即允许每个人经营生意，即以追求利润为目标，有计划地长期独立开展经营活动。因此，原则上国外投资人能够和德国公民一样，在同等前提条件下成立企业和实施投资项目。

在司法程序方面，德国的法律环境审判效率非常高。以专利案件为例，欧洲 2/3 的专利诉讼都在德国产生，通常 8 到 18 个月就可以审完一起专利案件，且诉讼成本非常低。

2. 德国展会知识产权保护制度的评价

德国的展会知识产权保护机制是四个国家和地区中对知识产权保护效率的要求最高的，这种近似苛刻的要求是建立在高度发达的会展业和严谨成熟的法律制度之上的。

会展业的发展为德国展会知识产权保护机制的建立打下了坚实的经济基础。由于会展产业对国家经济的贡献度巨大，相关的制度配套，保证该产业的稳定运行和进一步发展成为当权者的重要工作。为此，德国涉及知识产权的程序法中，有专门针对展会知识产权侵权处理的程序，例如德国民法上的"临时禁令"、海关的"简化的销毁程序"等。从立法的高度对展会知识产权保护机制进行规范，是四个国家或地区当中展会知识产权保护机制的法律效力层级最高的，为营商者提供了最稳定的法律预期。立法的强势也使得德国展会知识产权保护机制无须在展会服务层面形成对执法的替代措施。

由于会展业在国际市场中占有重要的地位，德国在机制设计中握有相应的主动权。在保护机制的设计上，德国偏重于知识产权权利人的利益，奉行效率优先的原则。民法、行政法、刑法三种针对会展知识产权保护的措施，均有直接针对涉嫌侵权的展品扣留措施，可以非常方便快捷地阻止侵权行为，即使涉嫌侵权的参展商对相关部门采取的措施存在异议，提请复议，或者甚至是最终证明自己不侵权，但是在程序的进行过程中，该参展商仍然丧失了在当届展会中继续参展的可能，丧失巨大的利润机会。虽然这些措施使得不法商人有机可乘，借以打击商业对手，存在形成恶性竞争的风险，但是德国握有会展市场准入的话语权，作为会展行业发展的风向标，不会出现展商客源流失的不良影响，仍然使世界各地的参展商趋之若鹜。

事实上，德国并没有滥用在国际市场上的优势地位，其会展知识产权保护制度是建立在自由完备的法律制度基础之上的，环环相扣，逻辑严密。同时，海外参展商在德国法律制度当中得到了平等的国民待遇，在各种商事权利的使用中都获得了相应的尊重，并没有受到法律的歧视。法律制度整体为德国会展知识产权保护机制运行提供了制度保障，有效避免了权利滥用，化解了恶性竞争的危险。德国的会展知识产权保护机制亦成为世界各国和地区学习借鉴的典范。

（二）意大利

1. 意大利会展知识产权保护制度的背景

意大利与德国同属于欧盟国家，在欧盟法令的背景下建立知识产权制度，会展业发展程度仅次于德国，但是在生产体系构成和知识产权法律制度的差异下，显示出与德国相当大的差别。

（1）社会背景。

意大利展览业发达，是欧洲展览业第二大国，也是到欧洲参展的中国企业最多的第二大国。意大利生产体系的最大特点是中小企业众多，而且中小企业的分布相当分散，而展会成功地将这些中小企业集中在一起，成为他们交流信息的平台。每年在意大利举行的各类会展活动达千余次，会展上的成交额年均约 600 亿欧元，为推动意大利经济发展做出了重大贡献。

但是，意大利会展的国际化程度并不高。2006 年在意大利举办的 1117 个展会当中，国际性展会仅有 195 个，占总数的 17%；国外展商约 3 万人次，仅占总人数的 13%；仅有国际展会观众数据稍高，约 1200 万人次，占总人数的一半以上。

（2）法律背景。

传统的意大利知识产权法律体系在几十年的运作中开始呈现出一定的弊端。意大利早在 1942 年就率先将知识产权保护纳入《1942 年意大利民法典》，从各类知识产权中抽象出共同适用规则和若干重要制度规定在民法典中，同时保留各专门法。知识产权位于该法典《劳动》编中，作为工业化进程中企业和劳动关系的新问题进行规定。这样的立法有两个缺陷：一是知识产权在民法典中的规定是象征性、宣言性的，缺乏实际操作的意义。各种知识产权专门法才是治理知识产权关系的主要力量。二是知识产权在民法典中的制度安排，分设为"企业"与"作品权和发明权"两章，此类体例设计割裂了知识产权的完整体系。同时，现代知识产权法已成为门类众多、权项庞杂的规范体系，民法典仅规定了四类知识产权，显见其体系的包容性不足。

近年来，意大利经济在产品成本方面的竞争力不断下滑，明显弱于竞争对手，因此意大利对知识产权保护给予了更为深刻的关注，强化知识产权战略，致力于巩固其创新及非物质产品方面的竞争力。

为了营造有利于创新的可靠环境，意大利着重实施了三方面举措。第一，规定在意大利市场投资的外国公司享有与意大利公司相同的知识产权法律保护。第二，遵守国际上主要的知识产权国际协定，将其作为知识产权的立法基础。据资料显示，意大利在知识产权方面，认可的国际知识产权条约有 18 项之多。第三，意大利政府在主要城市建立了 12 个知识产权法庭，目的在于加速案件审理过程，避免将案件交由经验不足的小城法院。

2. 意大利会展知识产权保护制度的评价

会展业的发展程度和经济结构的特点是影响其会展知识产权制度建设的重要因素。意大利会展最大的弱点在于国际化程度较低，国际产业比较少，其在国际同业中的话语权远远不及德国；意大利会展业的资源整合能力较弱，尤其是近年来各大会展中心竞相扩张，使得国内竞争进一步加剧。为了吸引更多的参展商客源，扩大在国际会展市场中的份额，意大利的机制设计不像德国那样强势，保持温和中立的姿态，强调展览会场正常秩序和平稳的交易环境。

意大利的经济结构当中，中小企业众多，保护中小企业的利益成为机制设计的一个重要的考虑因素。一方面，中小企业资本实力较弱，如因遭遇不合理的知识产权控诉而错失商机，很可能难以恢复元气，因此机制设计不能过于偏重效率，不能被参展商作为展会现场打击竞争对手的手段，例如意大利的临时禁令措施仅允许在展会开始前申请就是基于这方面的考虑。另一方面，中小企业的创新研发动力强，但是对知识产权维护实力较弱，这要求会展活动中的知识产权保护措施应当具有更高的保密级别，减轻中小企业的维权成本。仲裁相对于诉讼或行政处罚在提交材料、认定程序和涉及的工作人员方面都较为简单和高效。米兰等展会采取的类仲裁服务，有效控制了知识产权认定的知情范围，降低知识产权秘密扩散的风险。

总体来说，意大利的会展知识产权保护机制虽不如德国那样严密，但亦是相当健全的。米兰法庭通过判例的方式，对马契夫"服务"收集到的证据合法性表示认可，使得该类仲裁服务在司法实践当中成为知识产权保护制度中的一部分，增强了"服务"的权威性，明确了其法律效力，填补了会展现场的执法空白。

（三）香港

1. 香港会展知识产权保护制度的背景

香港作为亚洲区内首要的会议展览中心，知识产权制度与会展经济的发展相辅相成，呈现出较强的区域色彩。

（1）社会背景。

展览业为香港经济的贡献程度相当高，并仍处于快速增长通道中。2010 年，展览业为香港经济带来约 358 亿港元进账，相当于香港本地生产总值的 2.1％，较 2008 年上升 19％。同年，展览活动为多个相关行业提供约 69150 个全职职位，较 2008 年的 61000 个跃升了 13.4％。受惠最多的行业是餐饮、零售及酒店业，占有关职位约 59％，余下 41％分布于展台搭建、广告、物流、货运代理及场地与展览统筹机构等众多领域，有力促进了服务经济的发展。

香港以其区位优势和营商环境优势，成为区内国际展会的理想地点。香港是一个自由港，位处亚洲中心位置，对外航空、航运联系十分紧密，参展商、买家及展品进出均非常方便，成为亚太地区重要的会展中心城市。英国的《会议及奖励旅游》杂志连续多年将我国香港评为"全球最佳会议中心"。2011 年，分别有 5 个全球最大商贸展览会和 7 个亚洲最大商贸展览会在香港举行。

与德国和意大利会展业的国际化程度相比，香港稍逊一筹，主要面对亚洲市场，尤其是中国内地。2010 年，到港参展的公司数目为 56800 家，其中 20000 家来自中国内地，接近半数。另据不完全统计，在香港注册的16 个主要会展主办机构中，大部分在内地和亚太地区开办展览，占有可观的市场份额。

（2）法律背景。

香港政府极力主张"尽量扶助、减少干预"的政策，配合"自由港"的定位，创造最有利企业经营的条件，使企业在自由、公平的竞争环境下，充分发挥企业精神，促进经济向高增值转型。

20 世纪 90 年代中期，香港地区的侵权活动逐渐猖獗，主要集中在售卖冒牌成衣、皮具等日常消费品和盗版光盘活动。据软件及资讯产业协会SIIA 统计，1997 年香港盗版率高达 67％。这些侵权问题不仅对版权和商标权利人造成巨大经济损失，而且带来了许多社会问题，严重影响了香港的国际形象。因此，香港知识产权的执法重点放在商标和版权侵权，通过修改法律，严格执法，加强宣传教育等措施严格保护知识产权，以良好的法治环境来保障香港经济向高附加值转型。

香港海关是香港唯一负责对侵犯版权及商标活动做出刑事制裁的部门，负责调查和检控有关侵犯知识产权的活动，并对付伪冒商标或虚假商品标识等的违法行为，对侵犯知识产权的活动施以严厉的刑事制裁。香港海关严格执法，有一个超过400人的执法队伍专门打击知识产权侵权活动。

2. 香港会展知识产权保护制度的评价

香港的会展知识产权保护制度也充分反映了其会展业、会展市场发展的状况和特点。第一，香港的会展业虽然在亚洲较优，但是与德国、意大利相比仍有一定差距，还需要法律给予一定的灰色空间。第二，亚洲市场是香港会展业的重要立足点，亚洲企业、尤其是中国内地企业的参展制造了香港会展的大部分经济效益，香港的知识产权制度也需要充分考虑到亚洲，尤其是中国内地企业的发展实际。第三，香港的会展业仍然处在迅速扩张时期，面对区内其他同类城市（如新加坡、东京）的强劲竞争，法律规则进行修改容易引起较大的社会反弹和经济波动，让竞争对手乘虚而入，只能选择一些更为温和的政策微调。第四，香港的知识产权侵权问题多数发生在版权和商标领域，其打击力度也有所侧重。

综合上述因素的影响，香港的会展知识产权保护制度框架完整严肃，但也不缺乏温情。香港知识产权署没有知识产权侵权行政处罚的职能，一般知识产权检控由香港海关负责，香港贸发局则在其主办的会展上对知识产权实施保护。由于香港贸发局主导了香港大多数展会，利用主办方的权威性和垄断性，它能够强力推行《参展商须知》。《参展商须知》又通过主办方免责条款，巧妙地赋予本来没有知识产权管理职能的香港贸发局在展会权限内处理知识产权侵权问题的合法地位，避免了修改法律来赋予贸发局权力的繁琐途径。同时，考虑到参展商的责任承受能力，香港贸发局仅规定其有权禁止侵权参展商参加其主办的后续展会，作为惩罚措施，较德国和意大利都更为缓和。

香港在严厉的知识产权一般执法工作之上，较多地应用民事协议途径构建展会的知识产权保护机制，相对于德国的立法途径和意大利的判例途径更为灵活，能够适应不断变化的产业发展形势，对我国的展会知识产权保护机制也有比较大的借鉴意义。

（四）中国内地

1. 中国会展知识产权保护制度的背景

中国是近年来崛起的新兴会展国家，会展业发展处于成长期，知识产权法律制度的建设也在不断完善过程中。

（1）社会背景。

中国会展业的成长自加入 WTO 以来发展迅猛。据不完全统计，2010年中国会展业直接产值人民币 2482 亿元，拉动效应 2.23 万亿元，占全国第三产业增加值的 13％；实现就业 1900 万人，占全国第三产业就业人数的 6.9％。国际展览联盟数据显示，2011 年全球会展场馆共计 1197 座，室内展能 3260 万平方米，其中中国 475.5 万平方米，位居美国之后，排名第二。中国已成为会展大国。

会展业在全国的发展不均衡，呈现出一定的地域性。以北京、上海、广州为代表的环渤海、长三角、珠三角等三大会展城市群，在全国会展市场占有率超过 50％。由于会展业是现代服务业的重要组成部分，全国各地都掀起了巨大的发展热潮，正在涌现出西部、东北、中部三个会展城市带，以及服务于特定需求的海西、海南两个会展城市圈，出现了一定的超前发展风险，规模效益相对不足。

中国的会展业国际化程度也较低。作为中国的市场中心和国际贸易中心的上海，其举办的国际性商展，来自境外的参展商占比 21.8％、参观者占比 7.4％。相对而言，德国举办的国际性商展，来自境外的参展商占比高达 53％，是中国商展的 2.4 倍；参观者占比 25％，是中国商展的 3.4倍。中国城市距离世界会展中心的目标任重道远。

（2）法律背景。

中国的知识产权法律体系建立较晚，20 世纪 90 年代前后才颁布了《专利法》《商标法》《著作权法》，明确对知识产权三大权利的保护。中国的知识产权保护规则真正与国际接轨是加入 WTO 后，根据世贸组织的要求不断修订才逐渐成形。

中国的行政体制中职能部门划分较细，知识产权管理职能的划分也难免被分割开来，专利、商标、版权的行政管理分属地方知识产权局、工商行政管理部门和新闻出版及广播电视部门。由于知识产权保护起步晚，并且早年国人对知识产权的权利意识不强，很少主动提起维权行为，因此知识产权行政管理部门承担了大量的整肃国内市场、打击知识产权侵权行为的职责，行政处罚的力度大大高于德国、意大利和香港；而相对地，司法处理知识产权案件的经验较其他三国或地区则较为欠缺。

2. 中国会展知识产权保护制度的评价

知识产权制度的健全必然是与当地经济发展状况联系在一起的。较高的知识产权保护水平会使知识资源过分集中在少数人手中，会不利于全社会的效益增加和社会发展，所以经济欠发达地区一般会放松知识产权的保护力度，这与中国前期发展中知识产权制度设计策略吻合。中国知识产权制度构建的二十年，是中国经济腾飞、经济社会发展变化最大、国际地位提升最为明显的二十年，国家立法对知识产权的态度也不断发生相应的调整。展会知识产权保护机制的建设亦然。虽然会展业发展迅猛，但是地区间发展不平衡的局面还将长期存在，全国统一的高水平的保护力度极可能会限制内地一些地方的会展业发展。展会知识产权保护机制在中国需要富有比香港更大的弹性。因此，四部委联合下发的《展会知识产权保护办法》（以下简称《办法》）给予了地方执行层面很大的空间。

法律给予的空间不代表国家对展会知识产权的不重视。《办法》规定展会主办方的保护职责就是要支持会展探索建立一定的会展知识产权自律机制，在基层配合国家制度的落实。但是这个任务是非常艰巨的。一些具有一定国际地位的大型展会，如广交会、高交会等可以学习香港贸发局，利用主办方的权威性形成自律机制，众多中小型展会却仍在为参展客源发愁，没有选择入场的能力。会展自律机制的形成，必须建立在中国会展市场不断整合，形成一定的规模效益的基础上。

第七章

会展知识产权的保护途径探究

第一节　制度途径——以我国为例

　　会展知识产权保护制度的完善与会展经济的发展是相辅相成的。资产的专用性程度、不确定性和交易频次是影响交易成本大小的三个关键因素，也是探究会展知识产权保护的制度途径的出发点。赋予会展知识产品明确的知识产权法律地位，梳理、理顺法律程序和管理体制，降低权利行使的不确定性，提高违法成本，能够在制度层面对会展知识产权形成有效的保障和支撑。良好的制度促进了会展市场的健康发展，随着市场交易量的攀升，制度建设的固定的成本稀释到每次交易当中，又显得微乎其微了。在中国会展经济快速发展的当下，给予会展知识产权完善的制度保护，犹如为会展经济注入一针"强心剂"。

一、完善现有法律体系，形成对会展知识产权的全面覆盖

　　（一）推进知识产权法典化进程，引入"一般性知识产权"概念

　　我国知识产权立法采用的单行法立法模式，无法对所有的知识产权进行全面覆盖，《中华人民共和国民法通则》亦未对知识产权进行定义，使很多一般性知识产权游离在法律保护伞之外。在会展知识产权中最为典型的就是种类繁多的会展标志。通过知识产权法典化的立法工作，将单行法统领起来，赋予知识产权概括性的定义，能够填补法律的真空地带，使一般性知识产权追诉侵权行为有法可依，也可使各个单行法之间的矛盾、冲突与重复得到化解。

（二）修改现行法律法规，提升会展知识产权的保护力度

1. 修订《反不正当竞争法》，使会展知识产权侵权行为的认定更具可操作性

会展知识产品种类繁多，除满足法定要件而能够在《商标法》《专利法》《著作权法》等专门法律予以保护外，现有的大部分会展知识产品都需要以反不正当竞争法的保护为主。我国《反不正当竞争法》于 1993 年施行，距今已有 20 余年，其中很多条款都已经不适应当前社会的发展现实，需要重新整合调整。在调整过程中，完善会展知识产权侵权行为的认定与救济，是其中一项重点。一是在客体范围的定义表述上使用开放式的定义，以应对飞速发展的科学技术对会展标志等识别性标志创作的影响；二是明确包括会展标志在内的各种商业标识的相关权利性质、效力位阶和保护范围；三是完善侵权行为的类型和考量因素，使侵权行为的司法救济更具有可操作性。

2. 以《商标法》与《反不正当竞争法》相结合，加强对会展标志权的立法关注

我国过去以会展活动目的的营利性和非营利性为基础来区别会展标志权的保护范围的立法策略已经难以适应时代发展的要求，而继续采用以"一会一策"的特别立法来弥补一般立法的不足，也会不可避免地产生法律规范重复和效力冲突的问题，并使法律体系更加繁冗，加大司法实践的难度。

调整相关立法策略，充分发挥《商标法》和《反不正当竞争法》的作用，将会展标志权保护范围的划分转向侵权行为的营利性和非营利性区分上来，专注于对生产经营和市场流通领域的不正当竞争行为的规制，是完善会展标志权保护较为可行的方向。一方面，我国《商标法》通过多次修订，已经具备了国际先进水平。立法水平在商标的认定范围、保护方式和保护力度等方面得到了全面提升，基本能够满足会展标志权保护的基本需求。另一方面，会展名称、主题词、口号等商标性质不强的商业标识，可以通过修订整合完善《反不正当竞争法》和《特殊标志管理条例》的方式

纳入保护，作为商标法的补充。

二、理顺行政管理体制，加强执法、司法的保护衔接

（一）明确会展业专门主管机关，建立统一的会展活动登记管理制度

改革会展审批管理体制，设立专门的会展业主管机构体系，理顺各类各级会展活动主管机构的隶属和层级关系，厘清、明确地调整简化会展业行政管理体制中各主体的管辖范围，以解决目前各个知识产权行政管理部门管理真空、衔接不足的弊端，使会展活动的行政管理制度更具操作性和执行力。

建立会展活动登记制度，做好会展信息的采集公告工作，包括活动的名称、时间、地点、内容、规模等，尤其是会展标志的备案。采取统一的会展活动登记机关和流程，可以将会展活动登记业务统一到工商行政管理机关上来，并统一承接将变更、续期和会展标志侵权案件的查处业务。对于专业性、技术性极强的会展由主管机关申请联合相关业务部门会签的方式，消灭重复登记、重复办展的资源浪费现象。明确会展信息登记公告的法律效力，借鉴注册商标的立法经验，将登记公告作为会展标志法律保护的前提条件。另外，将海关作为国际性会展的会展信息登记受理部门和侵权案件查处部门，使国际性会展活动的会展知识产权保护工作更为快捷便利。

（二）建立会展信息数据库，便利会展标志等会展知识产权查询途径

借鉴全国商标、专利数据库的建设经验，在建立统一的会展信息登记制度的基础上，整合工商行政管理机关的登记信息，建设会展信息数据库，对一些会展知识产权侵权主体进行黑名单管理，便利会展知识产权查询途径。会展知识产权数据库向全社会开放，方便工商、海关等业务部门查阅权属和侵权行为的查处工作；方便社会各界在创设会展标志等知识产品时查阅过往数据，以免重复劳动；方便会展知识产品使用人查阅标志所有权人的信息，以节约知识产权许可活动的中间环节和信息搜寻成本。

(三) 建立参展商知识产权侵权备案制度

建立全国性的参展商知识产权侵权备案库，向展会主办者甚至公众无偿开放查阅。《展会知识产权保护办法》赋予展会主办方维护知识产权权利人的合法权益的义务，但实际工作中，各地会展之间缺乏有效的信息联系，会展主办方没有办法掌握参展商是否在异地有知识产权侵权行为，即使对于同一个会展主办方，由于人员的变动和有关资料的缺失，亦可能无法掌握上届会展的侵权参展商情况，对参展商行为进行有效监控和及时干预。我国展会管理部门已经建立有展会侵权数据反馈机制，这些展会反馈的侵权数据应该得到更有效的利用。建立稳定的参展商知识产权侵权数据库，不仅有利于行政管理部门有针对性的查处知识产权侵权行为，更有利于会展主办方在办展时将屡次侵权的参展商挡在会展大门之外，对参展商行为进行全社会的监督。

(四) 完善知识产权制度的准入标准

不断完善知识产权的准入标准、保护手段。落实知识产权制度的执法，要建立在对获得知识产权保护的资格进行严格的审查和标准规范的基础上。如果在准入制度上滥发通行证，不保证知识产权的质量，同样会使执法制度陷入不公正的斥责当中。而创新保护手段和提升执法效率则是对知识产权保护执法的有效支撑。将国家机关依职权保护和受害主体主动诉求相结合，将国家机关行为与企业、行业、社会举报和配合相结合，形成一个相互补充、相互支持的保护体系。

(五) 做好展会知识产权保护的行政、司法制度的资源配套工作

加大会展知识产权保护的资源投入，理顺行政、司法制度的配套工作，是展会知识产权保护工作的重要支撑。为知识产权侵权的行政查处活动配备更多的人力和财力支持，加大打击知识产权犯罪的专门队伍建设。意大利的 12 个知识产权法庭、香港的 400 人海关知识产权查处队伍，都投入了大量的人力物力。相比之下，我国配备的知识产权一线执法人员，寥寥数人就要承担一个城市的专利权、商标权或著作权的执法，工作量巨

大，更无精力加速展会知识产权侵权的处理工作，资源配备需要加强。

（六）加强知识产权行政执法合作

加强协调合作才能有序推进展会知识产权保护工作，包括部门间的合作与地区间的执法、司法合作。以各执法部门的大范围、各领域专项行动和长效机制相配合，对侵犯知识产权的现象依法进行有效的打击。各个地方可以通过建立跨部门的知识产权行政保护联动机制，签订区域知识产权行政保护协作执法协议，在知识产权案件的信息沟通、案件移送、调查取证等方面互相协助协同开展工作，厘清职责权限，加强沟通合作，提高行政执法的效能，克服地方保护主义。

司法机关也要加强对知识产权案件的重视，提高办案水平。将我国知识产权保护制度真正地激活，有效地遏制和扭转目前出卖、使用和购买盗版产品和仿冒技术顺理成章的现象，让不劳而获的"搭便车"现象不断削弱。

（七）加强专门人才队伍建设

专门人才队伍建设是会展知识产权保护实践的重要组成部分。会展的知识产权案件处理比一般知识产权案件有更高的要求。办案人员需要顺利地阅读相关技术文件、引导法律程序、与外籍参展商无障碍交流，则应当具备熟练的知识产权辨识技术、法律专业能力、一定的外语能力以及丰富的办案经验。我国此类专门人才储备较弱，经验不足导致办案效率受到影响。更有甚者，遇到突发情况害怕承担责任，畏首畏尾，延误了办案的最佳时机。例如，作为控制侵权态势扩大的重要工具，临时禁令在我国的应用却微乎其微，很大程度上是因为法官办案经验不足，对批准条件拿捏不准、产生与日后判决相矛盾的顾虑。德国一法官在2006年科隆五金展期间，两天半之内就下达了近70个临时禁令，比我国一个中级人民法院至少五年做出的诉前禁令的总和还要多。只有加强专门人才建设，提高办案人员的水平，才能使保护措施有效落地，保证保护实践的顺利开展。

第二节　市场途径

制度设计是为市场发展服务的，会展市场主体是会展知识产权保护的利害关系人和直接受益者。会展知识产权保护同样需要调动市场主体的主人翁作用，充分认识和行使自身的权利。

一、会展企业的作为

（一）树立品牌意识，强化维权思维

会展组织要树立品牌意识，从企业和服务品牌建设营销的角度出发，改革现有会展标志，创设更具有识别性、显著性的会展标志。尤其是在会展名称的选择上应当有所突破，打破常规的"地区范围+活动内容"的命名模式，积极比照法律适用范围，综合利用文字、图形、字母、数字、三维标志、颜色组合和声音等要素，有针对性地创设更特别的、更易记忆的名称，寻求法律的保护。会展组织要强化会展品牌维权的策略，例如在会展主办方在对其具有显著性特征的会展名称或部分标识申请注册商标时，可以对相类似的名称也予以注册，以避免可能出现的不必要的纠纷；在遭遇侵权问题时，要及时保存证据，诉诸正确的法律途径解决。

（二）落实法律义务，严格展前展中展后各阶段知识产权管理服务

展前严守准入关，在招商招展时，应加强对参展方有关知识产权的保护和对参展项目（包括展品、展板及相关宣传资料等）的知识产权状况的审查，禁止知识产权状况不合格的参展商进驻。建立参展商知识产权认证资料库，以备在发生知识产权纠纷时迅速调取相关证明材料，提高服务效率。

展中积极配合知识产权行政管理部门的知识产权保护工作，协调资源构建知识产权服务平台。信息供给是展会主办方在知识产权保护中的基本工作。即使在没有出现展会自律机制的德国，展会知识产权信息服务亦为展会主办方的必选服务。构建知识产权服务平台，可以将知识产权信息服务集中提供，方便知识产权权利人查阅、求助和一站式解决问题。

展后主动向知识产权行政管理部门上报展会上各类知识产权问题统计数据，配合知识产权纠纷相关资料的移交工作，为知识产权侵权问题的后续跟进和知识产权制度的完善提供基础数据支持。

（三）利用自身会展知识产权，实施企业发展的知识产权战略

善用知识产权许可权利，搭建知识产权流转渠道，建立会展企业知识产权战略联盟。

一是在股权、所有权角度发展共享产权或交叉持股的企业联盟。实现强强联合，是会展企业国际化较为便捷的途径，可以充分结合会展企业的区域特点，又能够在更大的市场范围内获取经营话语权，提升企业的国际影响力。

二是在具体业务领域发展产品和服务的互换联盟。会展活动的办展技术和创意思维是无限发展的，创新在每一个会展活动中不断发生。经营水平、办展业务是会展企业的生存之本，每个成功的会展企业都在具体产品和服务中形成一定的企业特色，值得学习借鉴。企业要清晰地认识到这些产品、服务蕴含的知识产权价值，作为业务增值的筹码，通过交流互换，提高利用率，推动企业的增长壮大。

二、行业协会的作为

纵观国际上会展业发达国家和地区的知识产权保护工作，行业协会在其中发挥了积极作用。例如，在被称为国际会展之都的香港，各行各业、门类齐全的行业协会对于会展知识产权的保护起到了非常重要的作用。我国的会展知识产权保护工作，行业协会的力量非常薄弱，几乎看不到行业协会的影子，甚至迄今为止，我国也没有全国性的会展业行业协会。另一方面，多数行业协会尚未正确认识到自己在本行业中所应当发挥的作用，只是停留在简单的组织会议、联络通讯等表面工作阶段，还有很大的发展空间。

（一）自律监督，调节市场良性竞争

较企业个体来说，行业协会在会展标志权的保护上具有更为便利的条

件，调动相关会展行业协会的作用，对市场环境能够施加更有效的影响。一是通过行业协会制定和实行一定的行业自律规则，进行办展计划的协调，避免重复办展以保证每个会展企业的良性竞争。二是行业协会能够作为居中调停的角色，实施第三者调解，提前有效解决会展知识产权的侵权和使用冲突等问题。三是行业协会可以汇总业内已发生的维权案件信息，形成维权案例库，为企业吸取维权经验和后续维权行动提供指引，以提高企业对抗会展标志权侵权行为的应对水平。四是行业协会可以协调各成员之间不同的情况形成各方肯定的展会认证体系，在此体系下通过对展会认证标准的变化来调整会展业的发展方向，间接影响和促进会展业的协调发展。五是行业协会可以给予其成员全方位的培训与发展，提高成员的专业素养，促进会展服务的提高与发展。六是行业协会可以根据会展知识产权案例的动态向成员发送行业动态信息，帮助成员及时规避风险。

(二) 实行知识产权保护激励，建立参展商知识产权信誉评分机制

会展行业协会可以根据成员市场客源情况，建立围绕知识产权的参展商交易信誉评分机制。通过对参展商展品的知识产权状况及参展次数、有无滥用知识产权权利对竞争对手进行打压、有无知识产权侵权行为等方面对参展商行为进行评分，利用评分高低进行参展商的素质的筛选和优质客源的吸引。对于办展时间较短的年轻展会，可以通过对评分高者实施奖励，例如展位费优惠、优先选择展位位置等，与优质参展客户达成长期稳定的合作关系；办展历史较长、有一定市场地位的展会，可以通过对评分低者实施提高展位费、限制展位面积和方位，甚至以拒绝其后续参展等手段进行惩戒，树立知识产权保护的威信。

(三) 鼓励知识产权保护自觉行为，设立展会知识产权自我管理委员会

会展行业协会还能够进一步发挥自身行业一线的交际优势，启发、鼓励参展企业联合各自行业协会自觉开展知识产权保护活动。在鼓励自觉行为的基础上，设立展会的知识产权自我管理委员会，进一步加强展会自律机制的建设。吸收参展知识产权信誉高、长期参加展会的参展商作为会

员，通过委员会自行约束、监督展会中的涉及知识产权的活动。

三、建立会展知识产权交易平台，促进会展知识产权交易发展

在将会展知识产权全面纳入法律保护的基础上，会展知识产权的交易平台将应运而生。获得许可的使用人以会展组织或会展活动的良好声誉和积极的影响来扩大自己的商机，通过使用会展知识产权来提高自身的经济效益，包括标明企业商品是某会展组织或会展活动指定产品，以某会展的徽记、吉祥物作为商品装潢内容，获得会展活动冠名权等。

借鉴文化产权交易市场、专利知识产权交易市场的建设经验，会展中介服务业可以建设相应的会展知识产权交易平台，打开会展知识产权许可使用的交易市场。相关行业协会整合资源，合作建设会展知识产权交易平台，畅通交易机制，节约交易成本，为会展知识产权的充分利用和合法流转提供便利。会展知识产权合法流转的成本逐步降低，要承担法律风险来进行侵权牟利的活动自然会大幅下降。

第三节　社会途径

一、重视全社会的知识产权宣传教育

除了正式的法律制度的强化之外，对非正式制度在知识产权保护方面的作用也应给予重视。非正式制度包括信念、道德、习俗及意识形态等，是对正式制度的补充、拓展、修正、说明和支持，是得到社会认可的行为规范和内心行为标准，是一种无形的和自律的制度。❶ 通俗地说，就是要改变社会对知识产权的态度和观念，加强对知识产权及其创造者的宣传和褒扬，从文化、教育等领域形成崇尚知识产权的正确导向，才能减小推行知识产权保护制度社会阻力，也才能达到知识产权制度强化的目的。

通过发动社会力量，开展各种宣传教育活动，鼓励和支持创新，观测公众知识产权意识的发展，在全社会形成尊重、保护知识产权的氛围，为

---

❶ 蔡宝刚.产权法律保护与科技创新速效：兼论对建设创新型国家的启示［J］.江苏社会科学,2007（1）:114.

会展知识产权保护营造良好的外部环境，也是会展知识产权保护的重要途径，需要利益相关方的通力合作。德国、意大利和我国香港都积极在各级学校教育中渗透知识产权教育，开设各种相关法律推广活动；密切与企业、行业协会的联系，联合开展教育、建立知识产权信息库；开展公众知识产权认知调查，监测社会公众的知识产权水平，及时调整宣传策略。香港仅经过 10 余年的知识产权宣传教育，目前公众的认知程度已经达到 90％以上。我国开始重视打击盗版的时间与香港相差不大，均为 20 世纪 90 年代左右，所欠缺较大部分就是对公众的知识产权观念渗透，使知识产权秩序的建立在观念层面上相对迟滞。当前在国内知识产权保护秩序基本建立、国际知识产权秩序更加严苛的双重作用下，加大公众知识产权宣传教育力度，应该能够更迅速地收获社会效果，为会展上知识产权活动的开展打下良好的群众基础。

二、重视会展知识产权教育和研究的发展

会展知识产权研究领域是一个交叉领域，位于知识产权学科和会展教育学科，研究学者既要熟知知识产权法学的相关知识，又要熟悉会展策划和组织运行的规律，才能有效地开展法律适用性的研究。而会展知识产权尚未引起上述两方面的研究力量的足够重视，现有的研究大多为青年学者的零散的探索尝试，理论深度有限，难以形成全局性的推动。没有强大的会展知识产权教育和研究力量支撑，研究现状的改善和法律实践的深入是难以为继的，会展经济的发展也将受到负面影响。会展市场的利益相关方都应该清楚地认识到这点，更加重视对会展知识产权教育和研究的投入，提升研究的层次，满足行业发展的需要。

第八章

案例分析

第一节　广交会知识产权保护机制的发展历程

广交会的知识产权保护实践，始于 20 世纪 90 年代对出口产品商标问题的规范。1992 年经贸部发布《关于在第 71 届广州交易会上进行商标检查的通知》，广交会主办方配合相关职能部门，向参展企业宣讲了商标法规，并查处出口商标侵权案件 200 余起。这是广交会史上第一次知识产权保护专项行动，打开了广交会知识产权保护机制建设的序幕。按照保护手段的重点不同，其发展可以分为专项行动重点维权时期、常设机构全面维权时期和制度建设完善时期等三个时期。

一、专项行动重点维权时期（1992—1996）

实践之初，广交会主要以每届广交会为期限，进行打击知识产权侵权的专项行动，尤其是对商标权侵权行为进行严肃整治。改革开放以后，我国的对外贸易量逐年激增，与贸易相关的知识产权问题越发突出。知识产权意识淡薄逐渐成为中国企业的海外发展的制约因素，首当其冲的就是商标法律问题。许多参展商缺乏知识产权保护知识意识，冒用、误用外国商标，遭遇境外法律诉讼，不但使正常经营和企业形象受到重大打击，也使广交会的国际展会信誉和形象受到负面影响。为了改变这一状况，尤其是引导企业培养商标意识，从 1992 年起，几乎每届广交会主办方都以商标维权为核心，采取宣传教育，开展侵权检查专项行动，交易团、省市外经贸委自查与广交会主办方检查相结合等手段进行维权，取得了重大成果。从

第 71 届到第 77 届，会上查处的商标侵权案件数已经下降了 50％以上。❶

二、常设机构全面维权时期（1997—2001）

商标检查专项行动有效遏制了参展商对境外主体的商标侵权行为，参展商之间对产品、技术的抄袭、仿冒行为却愈演愈烈，主办方接到的相关投诉不断增加。扩展侵权查处面、将对展会知识产权侵权的查处行动固定下来，成为广交会的迫切需求。1997 年第 81 届广交会，主办方首次设立保护知识产权的专门工作机构——业务办条法组（后更名为知识产权组），负责全面受理和处理展会期间的知识产权投诉，并承担展会期间知识产权保护规则的研究制定。知识产权组是中国较早的展会知识产权保护专门机构，极大地推动了广交会展会知识产权保护的进程。这一时期，在立法方面，诞生了广交会机制的雏形《广交会期间投诉处理办法》；在执法方面，相继设立大会业务办知识产权组和大会知识产权及贸易纠纷投诉接待站等知识产权保护常设机构，展会期间国家保知办、整规办、商务部和工商总局派员指导，广东省和广州市的专利、商标、版权等行政执法部门派员现场查处，由驻会知识产权行政管理部门的专家对被投诉企业最终做出是否涉嫌侵权的裁定，解决了执法权的问题，使投诉基本获得有效处理。不足的是，该阶段知识产权保护行动仍局限于处理投诉的被动保护阶段。

三、制度建设完善时期（2001 至今）

2001 年底，中国加入世贸组织，中国知识产权保护在国内外作用力的共同影响下进入全面发展时期，展会知识保护成为制度建设实验的重要阵地。广交会也进入知识产权保护制度建设高峰，出台和修订了以广交会《涉嫌侵犯知识产权的投诉及处理办法》为代表的一系列运作办法。从投诉处理流程、取证规则、惩罚机制以及与常规知识产权保护法规的衔接处理等方面对本展会的知识产权保护行为进行了全面的规范。其中一些基于展会特点设计的取证和惩罚规则发挥了巨大作用。广交会《涉嫌侵犯知识产权的投诉及处理办法》成为中国展会知识产权保护的典型范例，对全国

---

❶ 广州市档案馆.百届广交会［M］.［出版者不详］,2006 印刷.

展会起到了很好的示范作用，对 2006 年国家四部委颁布执行的《展会知识产权保护办法》的行政立法起到了重要的推动作用。

四、广交会知识产权保护体系

与欧盟国家的组展者相比，广交会的组展者知识产权保护意识和行为更为全方位和自觉。广交会结合中国展会实际，已初步建立了一套完整的保护知识产权体系，基本涵盖了 UFI "展会知识产权的保护建议" 的七项内容（见表 8.1）。

表 8.1　部分欧盟国家和中国广交会对 UFI "展会知识产权的保护建议" 实践情况

行为类型	具有展会实践的国家
资料手册	德国、意大利、瑞士、中国（广交会）
律师名单	德国、中国（广交会）
仲裁服务	意大利、瑞士、中国（广交会）
翻译	意大利、中国（广交会）
特别知识产权服务	意大利、瑞士、中国（广交会）
鼓励证明知识产权的存在	中国（广交会）

信息提供方面，不仅有网站、会场布置等特别标示，还有在《参展商手册》中有投诉接待的专门内容，对受理知识产权投诉范围、地点、联系方式、投诉管理、投诉程序、处理处罚等有明确的指引，具体有：参展企业展品知识产权备案登记制度，参展企业与大会签订维权承诺书制度、《关于加强保护知识产权工作的意见》、涉嫌侵权企业 "举证责任倒置" 原则等。

特别知识产权服务方面，有不断完善的《涉嫌侵犯知识产权的投诉及处理办法》，明确了参展商的责任，并设立了专门的保护知识产权机构——大会业务办知识产权组和大会知识产权及贸易纠纷投诉接待站。展会期间，国家保知办、整规办、商务部和工商总局都会派员到知识产权组指导，广东省和广州市的专利、商标、版权等行政执法部门派员现场查处，由驻会知识产权行政管理部门的专家对被投诉企业最终做出是否涉嫌侵权的裁定。

同时，广交会要求各省市交易团、商会建立维权办事机构，指定专人负责，配合协调管理。加强对参展企业的维权教育，对参展商品进行自查自纠，尤其是对曾被投诉的展品重点审查，尽力制止侵权品进入展场。建立了与组团单位和商会联合办案制度，发挥他们在协调工作中的优势。及时向各组团单位通报所属企业涉嫌侵权及查处情况，并请他们协助广交会进行处理。

此外，广交会还十分注重保护知识产权的宣传教育工作，将其始终贯穿在展前、展中和展后。展前，要求各交易团、商会对参展企业进行维权教育。展会期间，利用电视、报纸、网络等媒体，加大宣传，多角度、多渠道地报道保护知识产权工作，提高参展企业的保护知识产权意识。

第二节　北京 S 公司诉 J 公司布展设计著作权纠纷案[1]

布展设计是一种极易模仿、抄袭的设计作品，对于在先作品的无节制的借鉴和模仿与剽窃侵权仅有一步之遥。近年来，布展设计行业出现了一种非常恶劣的侵权情形。参展商往往先雇佣一家实力较强的设计公司进行前期的展位设计，待拿到设计效果图，再以种种理由拒绝采纳或克扣设计费用，并将效果图转给报价更低的搭建公司实施搭建。

在司法实践中，法院对此类案件的态度是十分明确的：布展设计的权属受著作权法保护。著作权人对权利的主张关键在于侵权人是否对侵权作品有实质性的接触，这是法官判决侵权成立的基本依据。权利人在维权过程中需要注意留存相关的证据。北京 S 公司诉 J 公司布展设计著作权案就是一个典型案例。

一、案情回顾

原告北京 S 公司是集设计、搭建、展览于一体的综合性展览服务公

---

[1] 北京市第二中级人民法院.北京思德展览服务有限公司诉吉晖科耐尔商务顾问有限公司侵犯著作权纠纷案一审［J/OL］.（2005-12-15）［2014-12-01］.http://www.law-lib.com/cpws/cpws_view.asp? id=200400973384.

司，作为中国（北京）国际假日旅游展览会（以下简称 BITTM 展会）外方主办单位指定的唯一主场搭建商，负责 2005 年 4 月 20 日至 23 日 BITTM 展会中的展区进行设计、搭建、联络等服务工作。原告通过外方主办人之一 Slava 及其 G 国方代理人 Theodore，自 2004 年 9 月 30 日至 2005 年 3 月 1 日，一直为 G 国国家旅游局设计展区效果图，在多次论证、反复修改后定稿，以传真、电子邮件为证。2005 年 3 月 1 日，J 公司董事 Yanni 作为 G 国国家旅游局的承建商与原告洽商。2005 年 3 月 9 日，原告根据 J 公司提出的修改要求将展区修改后的设计效果图以电子邮件形式发给 J 公司。2005 年 3 月 22 日，J 公司用电子邮件向原告发来 I 公司设计的 G 国展区效果图。该效果图与原告于 2005 年 3 月 9 日发给 Yanni 的效果图非常相似。原告在提供给 J 公司的设计图纸中已明确标明版权及使用权全部由原告所有。J 公司有权不使用 S 公司的设计，但不能擅自模仿并使用原告的设计效果图，I 公司以设计人、搭建商的身份进场搭建，J 公司从中赚取利润。S 公司请求法院判令：①确认 J 公司、I 公司在 BITTM 展会上为 G 国国家旅游局搭建的展台剽窃 S 公司的设计；②J 公司通过向 G 国驻中华人民共和国人使馆新闻参赞 Korkidis、外方主办方 Slava 发出信函的方式向原告赔礼道歉；③J 公司赔偿 S 公司的经济损失 187 494 元；④J 公司承担原告为本案支出的公证费；⑤J 公司承担本案诉讼费。

被告 J 公司答辩称：J 公司是按照 G 国国家旅游局的要求，独立创作完成涉案展台的设计图的，并未侵犯 S 公司的著作权。请求法院驳回原告的诉讼请求。

被告 I 公司亦辩称：I 公司未接触过原告的设计图，而且 I 公司的设计图与原告的设计图并不相同，故 I 公司没有侵犯原告的著作权。请求法院判令驳回原告的诉讼请求。

二、法院审理和判决

法院经审理查明：2005 年 3 月 22 日，I 公司与全国农业展览馆签订了展览会施工安全协议书，该协议约定由 I 公司在 2005 年 4 月 17 日至 2005 年 4 月 23 日负责 G 国国家旅游局展区的施工。2005 年 4 月 20 日，北京市公证处的公证人员来到全国农业展览馆，对 BITTM 展会的 G 国展区的外观设计进行拍照。

原告主张，原告作为 BITTM 展会外方主办单位指定的唯一主场搭建商，负责 2005 年 4 月 20 日至 23 日 BITTM 展会中的展区进行设计、搭建、联络等服务工作；原告为 G 国国家旅游局设计了展区效果图。原告根据 J 公司提出的修改要求将展区修改后的设计效果图发给 J 公司。J 公司向原告发来 I 公司设计的 G 国展区效果图。该效果图与原告的效果图非常相似。原告为证明上述主张，提交了电子邮件和设计图等证据材料。

被告 I 公司主张，G 国国家旅游局委托 Yanni，Yanni 委托 I 公司设计 G 国展区，并提出了许多具体要求，但没有向 I 公司提供过其他人的设计图；I 公司没有见过原告的设计图，是按照 Yanni 的要求设计了 G 国展区，与原告的设计图不同。

原告主张，I 公司的设计图在很多方面相同：①构思与整体结构相同；②整体颜色雷同，都以蓝色为主；③背景墙都以灯箱结构为主体；④背景墙的灯箱主体形状一样；⑤地毯上的黄色弧形一样；⑥地毯主体颜色都以蓝色为主；⑦展台内电视墙的位置一样；⑧会议室的位置都在电视墙的后面；⑨会谈用的家具摆放位置雷同；⑩展台前方楣板的位置雷同；⑪罗马柱的设计理念一样；⑫展台前立柱上的等离子显示器雷同。

被告 I 公司主张，上述内容基本上都是按照 G 国国家旅游局的要求设计的，但其未举证证明 G 国国家旅游局的要求的具体内容。上述事实有当事人的证据及陈述在案佐证。

本院认为：根据相关法律规定，如无相反证明，在作品上署名的公民、法人或者其他组织为作者。由法人或者其他组织主持，代表法人或者其他组织意志创作，并由法人或者其他组织承担责任的作品，法人或者其他组织视为作者。除著作权法另有规定的以外，著作权属于作者。原告主张其提交的设计图的著作权人是原告，二被告对此均无异议。因此，本院认定，原告对于其提交的 G 国展区设计图享有著作权。

根据相关法律规定，当事人对自己提出的诉讼请求所依据的事实有责任提供证据加以证明。没有证据或者证据不足以证明当事人的事实主张的，由负有举证责任的当事人承担不利后果。

在本案中，原告主张 J 公司和 I 公司侵犯其对 G 国展区设计图享有的著作权，应当举证证明 J 公司和 I 公司曾经接触过原告的设计图，而且 J 公司和 I 公司的设计图与原告的设计图实质相似。原告虽提供了大量电子邮件，但这些电子邮件未经公证，不能证明这些电子邮件确实在互联网上被发送过，而且原告不能举证证明这些电子邮件的发信人及收信人的真实身份以及他们与本案当事人之间的关系。因此，原告没有举证证明 J 公司和 I 公司曾经接触过原告的设计图。原告关于 J 公司和 I 公司侵犯原告著作权、J 公司向原告赔礼道歉并赔偿原告经济损失和公证费的诉讼请求，本院不予支持。

综上，法院判决驳回了原告北京 S 公司的诉讼请求。

三、案件评述

该展台设计的著作权纠纷，法院关注的三个焦点问题在于：首先，权利归属是否明确，本案中即 S 公司是否是其所提供的设计作品的著作权人；其次，涉嫌侵权的作品是否客观存在，即参展商的实际展台与在先享有著作权的设计作品是否存在实质性的相似；最后是关联性考察，涉嫌侵权作品的创作与在先享有著作权的作品是否存在关联，即涉嫌侵权人是否有接触到在先享有著作权的作品。

本案中，前两个焦点都是显而易见的，有大量的证据予以证明。原告的败诉败在第三个焦点问题的质证上。其无法证明被告 J 公司确实收到了其创作的展台设计图。在另一个类似案件中，原告方由于出示了送交作品时对方的签收单，有效证明了两个作品之间的关联性，而赢得了法院的支持。

S 公司诉 J 公司著作权纠纷案，给会展行业企业两点启示。

一是对与自身权利相关的法律规定要有清醒地认识，及时主张合法权利。以著作权为例，我国《著作权法》第十一条第三款规定，如无相反证明，在作品上署名的公民、法人或者其他组织为作者。因此，创作者在展示作品时，应当谨记署名。委托创作作品的委托方也可以通过正当途径取得作品的著作权。《著作权法》第十七条规定，受委托创作的作品，著作权的归属由委托人和受托人通过合同约定。合同未作明确约定或者没有订立合同的，著作权属于受托人。会展设计作品往往代表展示企业和产品的形象，不是一次性的展示，而要求具有较强的延续性和连贯性。当会展设计作品的委托方具有这样的需求时，务必在订立委托合同时明确规定作品的著作权权属，可以避免作品后续利用的版权纠纷。

二是会展企业在业务往来过程中应当注意保存相关的证据。尤其是信息通信技术日益发达的今天，要懂得运用保存沟通信息记录、通话录音等方式维护自身权益。信息加密、数字签名等先进的数字版权保护技术已经能够有效地控制使用者的操作权限和留存证据，应当被企业更好地加以利用。

第三节　"广州美博会"遭遇"撞车展"案例❶

2005 年"广州美博会"遭遇"撞车展"事件，是中国会展市场上一次严重的典型的会展标志权法律纠纷案例。

一、案例回顾

由广东省美容美发协会主办的广东国际美容美发化妆用品进出口博览会（简称"广州美博会"）被誉为"亚洲第一美展"，也是广东省首批会展知识产权保护试点单位。2005 年 9 月 9 日，第 23 届广州美博会在中国出口商品交易会展览馆（流花路展馆）举办。而 9 月 6 日，由广州市贸促会、广州市个体私营企业协会和广州市美容美发行业商会等部门主办，由广州凯能展览服务有限公司筹办的"2005 广州品牌化妆品展览会"也在一墙之隔的广州锦汉展览中心举办。该展会在进行招展宣传时曾定名为"广

❶ 广州两大美容展"撞车"9 月隔墙"血拼"［EB/OL］.（2005-09-08）［2015-01-11］.http://www.ycwb.com/gb/content/2005-09/08/content_978957.htm.

州国际沙龙及化妆用品专业展览会"，凯能公司在宣传时亦将其称为"广州美博会"，引起了对参展商的极大困扰。

据报道，展会开始前有大量的广州美博会参展商接到自称"广州凯能展览服务有限公司"的电话，通知美博会改期改地点到广州锦汉展览中心举办，使参展商感到无所适从。一些权利意识较为清醒的参展商向广州美博会的主办方广东省美容美发协会核实情况，才使这起"撞车展"事件浮出水面。

消息传出后，"广州美博会"的主办方广东美容美发协会便向广东省经贸委呈送了一份《关于采取有效措施制止对广州美博会恶性冲击的请示》，要求两个展会错开3个月以上，此事也一度引起了有关政府部门的关注。接到参展商反映情况后，广东省美容美发协会又积极联系参展商收集侵权信息的调查取证，整体形成完整的证据材料，上报有关行政部门，同时在官方网站上发布公告，澄清事件，降低混淆事件的负面影响，提醒美容企业"小心"。但是迫于我国法律制度并未对会展名称权进行明确的定性，广州美博会主办方所能采取的维权行动比较有限。

二、案例评述

"广州美博会"遭遇"撞车展"事件是会展名称权侵权的一个典型案例。目前，我国会展行业的国家标准正在制定过程中，会展名称如何命名，尤其是其名称缩写如何确定尚无统一的规则。凯能公司正是利用了制度的这一灰色地带，而将展会名称缩写定与广州美博会重名，从而借用广州美博会的名气进行营销宣传。

（一）关于市场竞争的讨论

早在同年3月，广东展览业协会就出台了《广东会议展览业行规（试行）》。该行规采纳了"优先权原则"：在广东省在同一城市内申办同类展览，使用同一展馆或不同展馆但同一展期的，上一年已经在该地成功举办过该展览的申办单位具有优先权。后申办单位在同一城市不同展期举办该同类展览的，应当与优先举办单位的展期前后相隔至少 3 个月以上。广东美容美发协会主张"2005 广州品牌化妆品展览会"主办行为违反了该行规。

有观点认为，行规对于展期间隔的规定限制了会展市场的良性竞争。保护名牌展会并非让展会实行垄断，而是应该保持良性的竞争并让市场决定一切。笔者认为，本案例中，广州美博会已经成功举办了 20 多届，拥有稳定的客户群和成熟的发展路线，而"广州品牌化妆品展览会"是一个新生的展会，其规模和市场影响力均无法与广州美博会匹敌。在正常竞争的情况下，"广州品牌化妆品展览会"可以在专业性和参展品牌与"美博会"形成错位互补发展，形成两大美容展并驾齐驱的局面。

（二）关于保护会展标志的操作性讨论

"广州美博会"和"广州品牌化妆品展览会"的根本利益冲突并不在于客流分散的问题，而是在于广州美博会的商业形象是否被不正当利用的问题。广州美博会的维权根据是《广东会议展览业行规》，论点集中在两展会展期和展馆地址相近，导致对广州美博会的恶性冲击，这实际上是非常无力的。从维权实践的角度看，该行规仅为行业规范，属于软性的规则，并不具有法律层面的效力，对行为人的约束力较弱。本案例中，负责组展的凯能公司 2005 年 1 月才成立，并尚未加入广东展览业协会，协会能够发挥的作用更加有限。事实上，虽然协会介入协调数月，但事件双方仍未达成一致。

倘若换用商业形象的侵权行为作为维权主张，形势又会有不同方向的发展。从媒体报道中看来，广州美博会不乏参展商收到凯能公司的"美博会"邀约。虽然我国对会展标志整体的法律地位没有明确的界定，但是广州美博会等个别发展较好的展会品牌已得到行政文件的认可。广东省知识产权局于 2003 年 12 月特别颁发 81 号文件，将广州美博会等 11 个展会列为全省会展知识产权保护的试点和展览品牌加以保护。

我国《反不正当竞争法》第五条第二款明确将"擅自使用知名商品特有的名称、包装、装潢，或者使用与知名商品近似的名称、包装、装潢，造成和他人的知名商品相混淆，使购买者误认为是该知名商品"中规定的损害竞争对手的行为界定为不正当竞争行为。广州美博会可以根据《反不正当竞争法》规定，通过法律手段要求侵权方停止侵权宣传、在公开渠道赔礼道歉、消除影响。

参考文献

[1]吴汉东.知识产权基本问题研究[M].北京:中国人民大学出版社,2009.

[2]吴汉东.利弊之间:知识产权制度的政策科学分析[J].法商研究,2006(5):7.

[3]王宗银.会展知识产权保护研究[D].武汉:华中师范大学,2011.

[4]李春芳.我国会展知识产权保护的立法完善[J].特区经济,2006(12):293-295.

[5]蔡宝刚.产权法律保护与科技创新速效:兼论对建设创新型国家的启示[J].江苏社会科学,2007(1):114.

[6]厉宁,刘凯,周笑足.展会知识产权行政保护初探[J].知识产权,2009(4):32-37.

[7]曾丽琴.会展知识产权法律保护研究[J].社科纵横:新理论版,2006(12):45-46.

[8]张费微.主办方如何应对展会中知识产权的保护[J].经济论坛,2007(1):127-129.

[9]丘志乔.香港会展知识产权保护的特色与启示[J].广东技术师范学院学报,2009(5):81-84.

[10]张燕云.德国展会上常见的知识产权纠纷和对策[J/OL].http://www.ipiec.org/lwjx/ShowArticle.asp? ArticleID=1817.

[11]任海隆.广州市会展知识产权保护研究[D].广州:中山大学,2008.

[12]王树章.深圳展会知识产权保护机制的不足与对策——以审判实践为切入点[J].特区经济,2012(12):42-43.

[13]武卓敏.关于国际展会知识产权纠纷的实证研究——从冲突调解到"5+X模式"[J].电子知识产权,2010(6):20-26,94.

[14]田欣.浅析会展知识产权保护问题[J].中国集体经济,2010(6)(上):114-115.

[15]江琳.德国展会知识产权侵权风险应对措施之我见:BAUMA2010知识产权纠纷情况分析[J].工程机械与维修,2010(7):61,64-66.

[16]陈晓琴.从政策问题的角度看我国会展知识产权政策法规[J].法制与社会,2007(12):895.

[17]高维,张茜.港澳台地区会展的知识产权保护模式及对上海世博会的启示[J].电子

知识产权,2009(5):68-72.

[18]让知识产权法典化:意大利的知识产权保护[EB/OL].(2006-02-10)[2013-07-05].http://www.cutech.edu.cn/cn/zscq/webinfo/2006/02/1180951188156372.htm.

[19]香港会展服务业概况[J].香港贸发局经贸研究,2012(5).

[20]广州市对外贸易经济合作局.广州市外经贸白皮书2010[M].广州:广东人民出版社,2010.

[21]投资德国——法律体系[EB/OL].[2013-08-05].http://www.gtai.de/GTAI/Navigation/CN/Invest/Business-location-germany/Business-climate/legal-system.html.

[22]王有明.欧洲知识产权法律环境研究[R].深圳:深圳市市场监督管理局,2011.

[23]Messe Frankfurt against copying [M].Frankfurt:Messe Frankfurt Press,2013.

[24]刘凯.展会知识产权保护研究[D].广州:华南理工大学,2010.

[25]王宗银.会展知识产权保护研究[D].华中师范大学,2011.

[26]毛海波.国际展会知识产权保护研究[D].上海:华东政法大学,2012.

[27]郑志涛.展会的知识产权保护探析[J].知识产权,2013(5):80-84.

[28]孙罡.论会展标志的知识产权保护[D].重庆:重庆大学,2009.

[29]董钟元.论会展标志权的法律保护[D].北京:北方工业大学,2012.

[30]唐剑锋.会展标识知识产权保护问题探析[J].安徽农业科学,2013,41(4).

[31]广州两大美容展"撞车"9月隔墙"血拼"[EB/OL].(2005-09-08)[2015-01-11].http://www.ycwb.com/gb/content/2005-09/08/content_978957.htm.

[32]广东美容展会撞车展业协会介入协调[EB/OL].(2005-03-23)[2015-01-11].http://china.53trade.com/news/detail_20365.htm.

[33]史密斯,帕尔.知识产权价值评估、开发与侵权赔偿[M].北京:电子工业出版社,2012.

[34]黄镕.法律经济学:方法论、理论脉络及应用[M].杭州:浙江大学出版社,2008.

[35]威廉·M.兰德斯,理查德·A.波斯纳.知识产权法的经济结构[M].金海军,译.北京:北京人学出版社,2005.

[36]考特,尤伦.法和经济学[M].5版.史晋川,董雪兵,等,译.上海:格致出版社,2010.

[37]洪钧."我们的展位设计被'抄袭'了":我市两家展览公司发生展位设计著作权纠纷[N].厦门日报,2006-03-07(7).

[38]陈锋仪.2007年以来中国国内会展研究综述[J].西安邮电学院学报,2011,16(2):

96-99.

[39]叶静.会展设计的生存状态研究[D].济南:山东轻工业学院,2012.

[40]段玉敏.从会展业角度探析展会的知识产权保护[J].陕西农业科学,2012(2):
241-244.

[41]俞华.从欧洲经验看中国会展知识产权[J].中国中小企业,2010(5):42-46.

[42]顾奇志.广交会,彰显知识产权保护威力[N].中国知识产权报,2011-05-11(10).

[43]沈伟英,湛立.广州美博会:会展知识产权保护的典范[N].广东科技报,2009-03-13
(4).

[44]徐嬚.会展知识产权保护问题研究[J].政府法制研究,2011(5):27-66.

[45]张怀印.瑞士巴塞尔珠宝钟表展中的知识产权仲裁制度及其启示[J].仲裁研究,
2013,31:80-87.

[46]黄碧婷.外观设计权利冲突问题研究[D].广州:华南理工大学,2013.

[47]于向阳,王蕊.我国会展知识产权保护存在的问题及原因探析[J].法制与社会,2014
(3)(下).

[48]郑志涛.展会的知识产权保护探析[J].知识产权,2013(5):80-84.

[49]黄钰熙.会展知识产权保护研究[D].长沙:湖南师范大学,2012.

[50]高雷.展台设计著作权的保护[J].中国会展,2008(4):30-32.

[51]刘松萍.会展、经济与城市发展:关于中国"广交会"的综合研究[M].北京:中央编译
出版社,2008.

[52]金辉.会展概论[M].上海:上海人民出版社,2004.

[53]马勇.会展政策与法规[M].重庆:重庆大学出版社,2007.

[54]王春雷,王晶.国际城市会展业发展理论与实践[M].北京:中国旅游出版社,2014.

[55]卢晓.节事活动策划与管理[M].上海:上海人民出版社,2006.

[56]沈志先.知识产权审判精要[M].北京:法律出版社,2010.

[57]杨顺勇.上海会展业发展报告[M].北京:中国文史出版社,2013.

[58]刘大可.中国展览业发展态势分析[M].北京:经济科学出版社,2012.

[59]涂成林,陈仲球,易卫华.会展,现代城市发展的杠杆:会展业与城市发展的互动效应
研究[M].北京:中央编译出版社,2008.

[60]孙明贵.会展经济学[M].北京:机械工业出版社,2006.

[61]杨勇.现代会展经济学[M].北京:清华大学出版社,北京交通大学出版社,2010.

[62]弗鲁博顿,芮切特.新制度经济学:一个交易费用分析范式[M].姜建强,罗长远,译.上海:三联书店,上海人民出版社,2006.

[63]威廉姆森.治理机制[M].北京:中国社会科学出版社,2001.

[64]尹德洪.产权理论及其法律制度的经济学分析[M].北京:对外经济贸易大学出版社,2008.

[65]蓝星.中国会展业前沿问题研究[M].上海:上海交通大学出版社,2011.

[66]过聚荣.中国会展经济发展报告(2011)[C].北京:社会科学文献出版社,2011.

[67]张敏.中外会展业动态评估年度报告(2012)[C].北京:社会科学文献出版社,2012.

[68]过聚荣.中国会展经济发展报告(2012)[C].北京:社会科学文献出版社,2012.

[69]朱名宏.广州城市国际化发展报告(2012)[C].北京:社会科学文献出版社,2012.

[70]朱名宏.广州城市国际化发展报告(2013)[C].北京:社会科学文献出版社,2013.

[71]过聚荣.中国会展经济发展报告(2013)[C].北京:社会科学文献出版社,2013.

[72]耿旭静.广州会展业惊现"排他协议"[N].广州日报,2013-03-13(AII4).

[73]徐丹.城市会展业国际合作模式研究[D].北京:中国社会科学院研究生院,2012.

[74]苏文才.会展概论[M].北京:高等教育出版社,2004.

[75] GALASKIEWICZ J, WASSERMAN S. Mimetic process within an interorganizational field: an empirical test [J]. Administrative Science Quarterly, 1989(34): 454-479.

[76]西斯坎德.会展营销全攻略:循序渐进揭开成功会展的秘诀[M].郑睿,译.上海:上海交通大学出版社,2005.

[77]李静.北京市会展业国际竞争力研究[D].北京:首都经济贸易大学,2004.

[78]王华.会展概论[M].广州:暨南大学出版社,2010.

[79]美博会撞车政府是"管"还是"放"?[EB/OL].(2005-04-15)[2015-01-11].http://news.xinhuanet.com/expo/2005-04/15/content_2833584.htm.

[80]骆乐,陈凡华.上海会展业的国际竞争力研究[J].国际经济合作,2007(12):51-53.

[81]第23届广州美博会遭受"李鬼"撬客[EB/OL].(2005-03-17)[2015-01-11].http://info.beauty.hc360.com/2005/03/17/08028877.shtml.

[82]郑吉昌.会展基础理论[M].北京:中国商务出版社,2009.

[83]潘文波.会展业国际合作的综合效应:关于外资进入中国会展业的综合研究[M].北京:中央编译出版社,2008.

[84]北京市第二中级人民法院.北京思德展览服务有限公司诉吉晖科耐尔商务顾问有限公

司侵犯著作权纠纷案一审[J/OL].(2005-12-15)[2014-12-1].http://www.law-lib.com/cpws/cpws_view.asp? id=200400973384.

[85]高欣.会展活动对主办城市经济的影响研究:基于广交会的实证分析[J].石家庄经济学院学报,2011,34(4):91-96.

[86]吴汉东.知识产权法[M].北京:中国政法大学出版社,1999.

[87]吴汉东.知识产权法[M].3版.北京:法律出版社,2009.

[88]周春雨.取消展会审批项目 仅涉及少数行业[EB/OL].(2013-05-21)[2014-12-01].http://expo.ce.cn/sy/gd/201305/21/t20130521_24403779.shtml.

[89]王维晓.国际会展业的知识产权保护[J].消费导刊,2009(1):159.

[90]董钟元.论展会标志权的法律保护[D].北京:北方工业大学,2012.

[91]理查德·A.波斯纳.法律的经济分析[M].7版.蒋兆康,译.北京:法律出版社,2007.

[92]吕忠梅,刘大洪.经济法的法学与法经济学分析[M].北京:中国检察出版社,1998.

[93]COASE R H. The nature of the firm[J]. Economica,1937(11):390.

[94]科斯.社会成本问题:论生产的制度结构[M].上海:三联书店,1994.